ミクロ経済分析 [第2版]

利益と共感の社会哲学

佐々木浩二 [著]

創 成 社

序

　本書は，はじめて学ぶ人に「ミクロ経済学の物語」を大づかみにしていただくためのものです。第1部では市場のなりたちを，第2部では公共財を含む経済を，第3部では情報が市場に与える影響を分析します。「近代経済学の建設者」[1]といわれるアダム・スミスから，近年のノーベル賞受賞者の学説までたどれるよう章立てています。

　ミクロ経済学を体系化したマーシャルは，130年ほど前に次のように書いています。

　「教師は，自らの主要な任務が，知識を伝えることではないことを覚らなければならない。なぜなら，人間の頭脳に納めることのできる分量よりも多量の印刷された知識を，二，三シリングもあれば買うことができるからである。教師の主要な任務は，性格と才能と活動を教育することであり，そうすることを通じて，思慮深くなかった両親の子供たちでさえも，つぎの世代の思慮深い両親となり得るように訓練される，よりよい機会を持つことができるようにすることである」[2]

　経済に関する情報はネットやSNSにあふれています。それらの断片的な知識に満足しない人へ，ミクロ経済学の概形を示すことができればと考えています。

　「わたしのねらいは，読む人が役に立つものを書くことであって，物事について想像の世界のことより，生々（なまなま）しい真実を追うほうがふさわしい」。「人が現実に生きているのと，人間いかに生きるべきかというのとは，はなはだかけ離れている。だから，人間いかに生きるべきかを見て，現に人が生きている現実の姿を見過ごす人間は，自立するどころか，破滅を思い知らされる」[3]

---

1) Marshall, Alfred 著, 永澤越郎訳『経済学原理』第1分冊, 岩波ブックサービスセンター, 1997年, p.268 から引用。
2) Marshall, Alfred 著, 永澤越郎訳『経済学原理』第4分冊, 岩波ブックサービスセンター, 1997年, p.310 から引用。英国の通貨単位シリングは1ポンドの20分の1である。当時の1シリングは現在の1,000円に相当するであろうか。

　16世紀はじめ激動のフィレンツェを生きたマキアヴェリのこの言葉にしたがい，本書は理論の紹介に終始せず，理論と現実の距離感にも触れます[4]。

　改訂にあたり，創成社の西田徹氏にお世話になりました。心より謝意を表します。本書に残された不備のすべては筆者に帰します。本書の事例は経済学の理論を説明することのみを目的としており，関係者各位への意見を含まないことを申し添えます[5]。

アダム・スミス生誕300年の夏に
沈みゆく自由の陽を惜しみつつ

3）Machiavelli, Niccolò 著, 池田廉訳『君主論 ―新版』中央公論社, 2021年, p.131から引用。Jevons, William Stanley 著, 小泉信三・寺尾琢磨・永田清訳, 寺尾琢磨改訳『経済学の理論』近代経済学古典選集4, 日本経済評論社, 1981年, p.30に「経済学という科学においては，われわれは人々をそのまさにあるべきようにではなく，その事実ある通りに取り扱う」とある。Marshall, Alfred 著, 永澤越郎訳『経済学原理』第1分冊, 1997年, p.266に, フィジオクラットは「自然に随順すべしという命令法で表現された倫理的な原理と，科学が自然から聞き出すことによって発見した直叙法で表現される因果の法則を混同した。このような理由やその他の理由から，彼らの仕事は直接的な価値をほとんど持たなかった」とある。

4）本書の目的は「快刀乱麻を断つ」ことではなく「社会を紡ぐ見えない糸を可視化する」ことである。糸はしがらみであり，また絆でもある。

5）本書は「正義についての学識が議論にさらされるよりは，むしろそれを寓話によって隠蔽することをよしとした古の人々」(Hobbes, Thomas 著, 本田裕志訳『市民論』近代社会思想コレクション 01, 京都大学学術出版会, 2011年, p.16) に倣う箇所がある。賢人たちが感じた「圧力」がいかほどのものであったか，想像を超える。また，古い書籍からの引用文の中には歴史的な表記や表現もある。これについてはそのまま引用する。

　本書のタイトルについてはSteuart, James 著, 小林昇監訳『経済の原理 ―第1・第2編―』名古屋大学出版会, 1998年, 訳者解説, pp.648-654を参照。また，本書の文体についてはHume, David 著, 小松茂夫訳『市民の国について』上, 岩波書店, 2020年, p.11を参照。

　2023年は, J. S. ミル没後150年, V. F. D. パレート没後100年にもあたる節目の年である。

目　次

第 1 部

市場のなりたち

・・

「見えざる手に導かれて，自分がまったく意図していなかった目
的を達成する動きを促進することになる。そして，この目的を各
人がまったく意図していないのは，社会にとって悪いことだとは
かぎらない。自分の利益を追求する方が，実際にそう意図してい
る場合よりも効率的に，社会の利益を高められることが多いから
だ」(Smith, Adam著, 山岡洋一訳『国富論 国の豊かさの本質と原因に
ついての研究』下, 日本経済新聞出版社, 2010年, pp.31-32)*

「純粋経済学は本質的には絶対的な自由競争という仮説的な制度
の下における価格決定の理論である」(Walras, Marie Esprit Léon著,
久武雅夫訳『ワルラス 純粋経済学要論』岩波オンデマンドブックス,
岩波書店, 2015年, p.x)**

「価格がいかなる法則によって定められるかの研究目的に対し
て，最も簡単なる仮定は，独占のそれである。この場合独占なる
言葉は，１商品の生産が１人の手にあるものと想像せられるとこ
ろの，最も絶対的なる意味に解する。この仮定は純粋に架空のも
のではなくて，ある場合には実現せられるものであるのみならず，
これを研究することによってわれわれは生産者の作用をいっそう
正確に分析しうるのである」(Cournot, Antoine Augustin著, 中山伊知
郎訳『富の理論の数学的原理に関する研究』近代経済学古典選集２, 日
本経済評論社, 2004年, p.43)

---

* Hume, David著, 小松茂夫訳『市民の国について』下, 岩波書店, 2020年所収の「商業について」の思想は, ジェームズ・ステュアート『経済の原理』を経由してアダム・スミスのこの引用文に流れ込む。

** V. F. D. パレートはM. E. L. ワルラスのこの主張に懐疑的である（松嶋敦茂『経済から社会へ―パレートの生涯と思想―』みすず書房, 1985年, pp.186-195）。

—— 第1章 ——

自 由 市 場

本章では，消費者と生産者が自発的に集う自由市場を概観します。

❶ ミクロ経済学の分析対象

　市場とは，消費者と生産者が出会いモノを売買する場です[1]。地域の朝市には，生産者が農作物や魚介類を持ち寄り，消費者がそれらを買うために集います。朝市は市場の例です。コンビニエンスストア，アウトレット，ネットショップなども売り手と買い手が集う市場の例です。ミクロ経済学が分析するのは，こうした市場のなりたちです。

図表1－1　市　場[2]

1）永澤訳（1997a, p.76）に「人間の欲求を満たすすべてのものを表現する通常に使用される短い言葉がないために，財 goods という言葉を用いてよいであろう」とある。八木他訳（2015, pp.39-66），八木他訳（1991）第8章も参照。財貨およびサービスを本書は「モノ」と表記する。

2）経済学では市場を「しじょう」と読む。取引の語源については大津訳（2021, p.7）の注6を参照。

❷ 消費者と生産者

　消費者はどのようなときにモノを買うのでしょうか。「のどが渇いたのでジュースを飲みたい。150円までなら払えるけどどうかな」と思い，ある人がコンビニエンスストアに来店したとします。よく冷えたジュースが120円で売られていたら，この人はジュースを買うでしょう。

　売られているモノの値段を価格といいます。売られているモノに対して抱く「いくらまでなら払える」という消費者の気持ちを支払意思額といいます。支払意思額は，買うモノから得られる利便性を反映することから，便益ともいいます[3]。

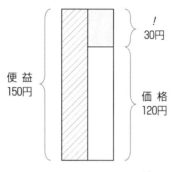

図表1－2　便益と価格[4]

　消費者は，自らの便益と価格を比べてふるまいを決めます。便益が価格を超えるときにはお得と感じて買いますが，便益が価格を下回るときには高いと感じて買いません。便益と価格が同じときには買っても買わなくてもどちらでもよいと感じます。本書では，どちらでもよいと感じた消費者は買うと考えます。

便　益＞価　格　　　買　う
便　益＜価　格　　　買わない
便　益＝価　格　　　どちらでもよい

図表1－3　消費者の行動原理[5]

3）八木他訳（1991, p.319）に「交換意欲」，塘訳（1994, p.90）に「購入意慾」という語がある。便益は願望ではなく，予算に裏付けられた実際に払える額（有効需要）である。小林監訳（1998, p.107, pp.162-165），山岡訳（2009, pp.59-60），柏崎訳（2004, p.11），塘訳（1994, p.86），永澤訳（1997a, p.133, pp.137-138；1997b, pp.159-160）を参照。
4）安藤（2017, pp.5-15）を参照して例を作成。中山訳（2022, pp.95-96）も参照。

　生産者はどのようなときにモノを作って売るのでしょうか。飲料メーカーの社内会議で営業部門が「1ボトル120円で売れる」という調査結果を発表し，製造部門が「1ボトル80円でジュースを作れる」という調査結果を発表したとしましょう。2部門の話を聞いた経営者は「1ボトル40円もうかるなら生産しよう」と決断するでしょう。

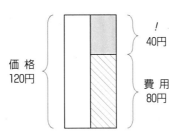

図表1－4　費用と価格

　売るモノを作るために費やす金額を費用といいます。生産者は，価格と自らの費用を比べてふるまいを決めます。価格が費用を超えるときにはもうかるので作って売りますが，価格が費用を下回るときには損するので作りません。価格と費用が同じときには，作っても作らなくてもどちらでもよいと思います。本書では，どちらでもよいと思った生産者は作って売ると考えます。

価　格　＞　費　用　　　　作って売る

価　格　＜　費　用　　　　　作らない

価　格　＝　費　用　　　どちらでもよい

図表1－5　生産者の行動原理

　次ページの図表1－6は，図表1－2と図表1－4をまとめたものです。ジュースの価格は120円，消費者の便益は150円，生産者の費用は80円です。このとき，30円のお得を見込む消費者はジュースを買い，40円のもうけを見込む生産者はジュースを作って売ります。売買が成立すると，消費者と生産者はともに売買の前よりよい状態になります。これが，消費者と生産者が自発的に市場に集う理由です[6]。

5）楠井・東訳（1940, p.30）に「如何なる購買と雖も，未だ嘗つて，受け取つたものが購買者の評價に於て與へたものよりも價値が大であるといふことなくして，行われたことはない」とある。栗田訳（2001, p.26），八木他訳（1991, p.322），八木他訳（2015, pp.165-166）の注釈も参照。どちらでもよい（indifferent）という表現は高野訳（2017, p.101）にみられる。Hurwicz（1972, pp.305-306）も参照。

6）八木他訳（1991）第6章第1節を参照。

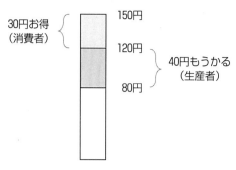

図表1－6　売買のメリット[7]

　消費者と生産者が自発的に集う売買の場を自由市場といいます。日本では，自由という言葉は「自分勝手」「わがまま」「傍若無人」などと悪くとられがちですが，経済学の自由は他の誰かに強制されず，自らよいと思うものを選べることを意味します[8]。

❸ 市場の類型

　経営学や商学は朝市，コンビニエンスストア，アウトレット，ネットショップなどが直面する具体的な場面の解決策を提案するようです。これに対して，経済学は競争の激しさによって分類される抽象的な市場の類型を分析します。図表1－7は競争の激しさで市場を分類したものです。

7）小泉他訳（1981, p.9）に「われわれを駆って売買せしめ，貸借せしめ，労働し休息せしめ，生産し消費せしめるものは，これら諸感情の量額であり，そしてわれわれが諸感情の比較的大小を計るのは，その量的結果によってしなければならない」とある。小泉他訳（1981, p.93），津田訳（2016, pp.20-27），八木他訳（1991, pp.309-313, pp.371-373），永澤訳（1997c, pp.13-14）も参照。

8）本田訳（2011, p.189）に「「自由」とは，運動の妨害の不在にほかならない」とあり，高野訳（2017, pp.259-260）は，民主政の政体によって自由が得られると指摘している。小林監訳（1998, p.138）に「自由で独立している人々を利己心という直接的な動機によっておだやかに誘導し，一定の，終局的には彼らに固有の利益を目指した計画に同意するようにさせなければならない」とあり，福井・吉田訳（2004, p.81）に，ミクロ経済学は「人間本性のそれぞれの基本傾向の自由な，他の諸要因に（とくに，誤謬や事情に無知なこと，外部的強制に）影響されない作用がどんな構成にみちびくかを研究する」とある。武藤訳（2010, p.52, p.57），本田訳（2021）第8章，水田訳（2010a, p.216），水田訳（2010b）第2部第21章，前田訳（2016）第1巻第14章，伊藤・渡部訳（2016, pp.501-502），加藤訳（2017, pp.320-323），加藤・李訳（2019, p.165）の訳者解説，津田訳（2016, pp.28-32, pp.156-158），小林監訳（1998, pp.152-156, p.223, p.326, pp.355-356, p.359, pp.398-400, p.411），関口訳（2021b）第1章，小泉他訳（1981, pp.65-68, pp.106-109），小畑（2013, p.110）も参照。

　路線バスは多くの人が生活の足として頼りにしているサービスです。運休や事故が多発すると困りますので，国土交通省から許可を得た信用度の高い会社1社が路線を運行することが多いです[9]。地域に欠かせないサービスを1社だけが提供することを地域独占といいます。iPhoneを販売するAppleは，Pixelを販売するGoogleやXperiaを販売するソニーなどとしのぎを削っています。少数の大企業が競うこのような市場を寡占といいます。標準的なみかんは，多くの農家によって栽培され，出荷されます。無数の生産者が激しく争うこのような市場を完全競争といいます。

　経済学が競争の激しさで市場を分類するのは，それによって価格の決まりかたが異なるためです。独占と寡占の市場での価格の決まりかたについては第5章で，完全競争市場での価格の決まりかたについては第2章から第4章で学びます。

図表1－7　市場の類型[10]

9）道路運送法，国土交通省東北運輸局宮城運輸支局輸送監査部門（2012），九州運輸局自動車交通部旅客第一課（2015），首相官邸,未来投資会議第26回の議論を参照。

10）中山訳（2004, p.40）の注に「経済学者の意味する市場とは，売買が実行せられるある場所をさすものではなく」,「価格は容易，迅速にすべてを通じて同一の水準をとるがごとき領域の全体をさすものである」とある。独占的競争という類型もあるが，本書の範囲を超えるため説明を割愛する。独占的競争についてはChamberlin（1934, 1961）等を参照。

補 論　経済学を学ぶ前に

　本格的な学びの前に，以下の古典で「むきだしの西洋史」を辿ることをお勧めします。日本と異なる西洋の歴史，政治，文化，宗教に触れておくと理解の深みが違います。

古代の社会哲学	プラトン『国家』 アリストテレス『ニコマコス倫理学』『政治学』
ルネサンス期の 人文主義	エラスムス『痴愚神礼讃』 T. モア『ユートピア』 N. マキアヴェリ『君主論』
17世紀の イングランドの 光と影	F. ベーコン『ノヴム・オルガヌム』『学問の進歩』 H. グロティウス／J. セルデン『海洋自由論／海洋閉鎖論』 T. ホッブズ『法の原理』『ビヒモス』 J. ミルトン『イングランド国民のための第一弁護論および第二弁護論』 S. プーフェンドルフ『自然法にもとづく人間と市民の義務』 R. フィルマー『著作集』（パトリアーカ他） J. ロック『統治二論』『寛容についての手紙』『キリスト教の合理性』 W. ペティ『政治算術』
18世紀の フランスと スコットランドの 啓蒙	ヴォルテール『哲学書簡』『カンディード』『寛容論』 C. モンテスキュー『法の精神』 D. ヒューム『市民の国について』 J. チュルゴー『富に関する省察』『ヴァン・サン・ド・グルネー賛辞』 J. ステュアート『経済の原理』 J. ネッケル『穀物立法と穀物取引について』 A. スミス『道徳感情論』『国富論』
市民革命の是非	T. ペイン『コモン・センス』 E.J. シィエス『第三身分とは何か』 J. ベンサム『道徳および立法の諸原理序説』 E. バーク『フランス革命の省察』『政治経済論集』

図表1－8　社会哲学の古典[11]

11) ギリシャ哲学・ローマ法・キリスト教が溶け合い，生と死の狭間で苦闘する著者たちが響き合い，これらの古典はひとつの大きな物語になる。

ダイアローグ　利益と共感

高校生「ソニーのPS5，買い占めて転売する人を経済学者が擁護してる。みんな迷惑してるのに，おかしくないですか？」

私「それはおかしいですね。そんな人いますか？」

「いる！　買い占められて買えなかった人をSNSで馬鹿にしてた」

「そうでしたか…… 17世紀を代表する哲学者ロックは次のように書いています。

『自分を導く理性をもつ前に，人間を無制限の自由へと解き放つことは，自由であるという人間本来の特権を容認することではなく，むしろ，人間を野獣の間へと押しやり，野獣と同じように惨めで，人間以下の状態のうちに見捨てることである』[12]

18世紀屈指の知識人，かつ経済学の創始者アダム・スミスは次のように書いています。

『他人が厚かましい行為や無作法な行為をしたとき，当の本人は自分のふるまいが不適切とはとんと感じていないように見えるのに，こちらは赤面してしまうことがある。これも，自分がそのように見苦しい行動をとったら，どれほどいたたまれない思いをするかと考えずにおれないからだ』[13]

18世紀フランス革命前夜の財務長官ネッケルは次のように書いています。

転売『のような操作は，公共の秩序を乱しかねないし，われわれが明らかにしたように，つねに諸価格の高騰と変動の被害を受ける民衆に犠牲を払わせ，商人だけの利益をはかって価格をつりあげるから非常に有害である』[14]

19世紀を代表する思想家かつ経済学者J. S. ミルは次のように書いています。

『功利主義を攻撃する人たちが不当にもほとんど認めることのない点を，私はくり返し言っておかねばならない。行為の正しさに関する功利主義の基準となっている幸福は，行為者本人の幸福ではなく，その行為に関わりのある人々全員の幸福である』[15]

「えっ，SNSの経済学者が言ってることと全然違うじゃん」

「当たり前です。他人に迷惑をかけることを正当化する言い草は学問でも経済学でもありません。みなさんは「利益と共感」[16] の社会哲学であるところの経済学を学びましょう」

---

12)　加藤訳（2017, p.365）から引用。加藤訳（2017, pp.502-503）も参照。
13)　村井・北川訳（2020, p.63）から引用。同書第3部第3章はこの点を詳述している。
14)　大津訳（2021, p.137）から引用。大津訳（2021, p.238）は，商業の自由を声高に叫ぶ大商人を「経済教」と揶揄している。
15)　関口訳（2021a, p.47）から引用。関口訳（2021a, p.60, pp.82-84）も参照。
16)　関口訳（2021a, p.83）から引用。利益については村井・北川訳（2020, p.380）を，共感については高野訳（2017, p.148）を参照。社会哲学については伊藤（2010）を参照。

参考文献

・安藤至大『ミクロ経済学の第一歩』有斐閣ストゥディア，有斐閣，2017年。

・伊藤邦武「哲学史と経済学」丸山徹編『経済学のエピメーテウス ─高橋誠一郎の世界をのぞんで─』知泉書館，2010年，pp.5-31。

・小畑俊太郎『ベンサムとイングランド国制 ─国家・教会・世論─』慶應義塾大学出版会，2013年。

・九州運輸局自動車交通部旅客第一課『乗合事業の導入の手続について』2015年。

・国土交通省東北運輸局宮城運輸支局輸送監査部門『バス制度の概要について』2012年。

・八木紀一郎『オーストリア経済思想史研究 ─中欧帝国と経済学者─』名古屋大学出版会，2022年。

・Bentham, Jeremy著，中山元訳『道徳および立法の諸原理序説』上，筑摩書房，2022年。

・Böhm-Bawerk, Eugen von著，塘茂樹訳『国民経済学 ─ベーム・バヴェルク初期講義録─』嵯峨野書院，1994年。

・Cournot, Antoine Augustin著，中山伊知郎訳『富の理論の数学的原理に関する研究』近代経済学古典選集2，日本経済評論社，2004年。

・Dupuit, Arsène Jules Étienne Juvenel著，栗田啓子訳『公共事業と経済学』近代経済学古典選集【第2期】，1，日本経済評論社，2001年。

・Filmer, Robert著，伊藤宏之・渡部秀和訳『フィルマー 著作集』近代社会思想コレクション19，京都大学学術出版会，2016年。

・Grotius, Hugo／John Selden著，本田裕志訳『海洋自由論／海洋閉鎖論1』近代社会思想コレクション31，京都大学学術出版会，2021年。

・Hobbes, Thomas著，高野清弘訳『法の原理 ─自然法と政治的な法の原理─』行路社，2017年。

・Hobbes, Thomas著，本田裕志訳『市民論』近代社会思想コレクション01，京都大学学術出版会，2011年。

・Hobbes, Thomas著，水田洋訳『リヴァイアサン』1，岩波文庫，2010年(a)。

・Hobbes, Thomas著，水田洋訳『リヴァイアサン』2，岩波文庫，2010年(b)。

・Jevons, William Stanley著，小泉信三・寺尾琢磨・永田清訳，寺尾琢磨改訳『経済学の理論』近代経済学古典選集4，日本経済評論社，1981年。

・Locke, John著，加藤節訳『完訳 統治二論』岩波書店，2017年。

・Locke, John著，加藤節・李静和訳『寛容についての手紙』岩波書店，2019年。

・Lowry, Todd Stanley著，武藤功訳「ピタゴラス学派の数学的理想主義と経済・政治理論の構想」，丸山徹編『経済学のエピメーテウス ─高橋誠一郎の世界をのぞんで─』知泉書館，2010年，pp.33-61。

・Malthus, Thomas Robert著，楠井隆三・東嘉生訳『穀物條例論 ─地代論─』岩波書店，1940年。

・Marshall, Alfred著，永澤越郎訳『経済学原理』第1分冊，岩波ブックサービスセンター，1997年(a)。

　　簡易的な調べでは，共感を意味するSympathyは『道徳感情論』に180箇所ほど登場し，「鏡」「中立な観察者」「自己の行動の観察者」「中立な裁判官」「自然の審判者」等の語も多くみられる（村井・北川訳，2020）。当時の倫理観の根底にあるキリスト教については同書第3部第5章を参照。新約聖書『ルカによる福音書』6：31に「人にしてもらいたいと思うことを，人にもしなさい」とあり，『マタイによる福音書』7：12に「人にしてもらいたいと思うことは何でも，あなたがたも人にしなさい。これこそ律法と預言者である」とある。これらの教えを黄金律という。共感については本田訳（2021, p.7, pp.130-131），小林監訳（1998, p.187）も参照。

　　このダイアローグは小林監訳（1998, pp.183-190），山岡訳（2010, p.109），大津訳（2021, p.52），小泉他訳（1981, pp.66-68），八木（2022）第4章を参考に作成した。

・Marshall, Alfred著，永澤越郎訳『経済学原理』第2分冊，岩波ブックサービスセンター，1997年(b)。

・Marshall, Alfred著，永澤越郎訳『経済学原理』第3分冊，岩波ブックサービスセンター，1997年(c)。

・Menger, Carl著，福井孝治・吉田昇三訳，吉田昇三改訳『経済学の方法』近代経済学古典選集5，日本経済評論社，2004年。

・Menger, Carl著，八木紀一郎・中村友太郎・中島芳郎訳『一般理論経済学』1，遺稿による『経済学原理』第2版，みすず書房，2015年。

・Menger, Carl著，八木紀一郎・中村友太郎・中島芳郎訳『一般理論経済学』2，遺稿による『経済学原理』第2版，みすず書房，1991年。

・Mill, John Stuart著，関口正司訳『功利主義』岩波書店，2021年(a)。

・Mill, John Stuart著，関口正司訳『自由論』岩波書店，2021年(b)。

・Necker, Jacques著，大津真作訳者代表『穀物立法と穀物取引について』近代社会思想コレクション30，京都大学学術出版会，2021年。

・Pufendorf, Samuel von著，前田俊文訳『自然法にもとづく人間と市民の義務』近代社会思想コレクション18，京都大学学術出版会，2016年。

・Smith, Adam著，村井章子・北川知子訳『道徳感情論』日経BP，2020年。

・Smith, Adam著，山岡洋一訳『国富論 国の豊かさの本質と原因についての研究』上，日本経済新聞出版社，2009年。

・Smith, Adam著，山岡洋一訳『国富論 国の豊かさの本質と原因についての研究』下，日本経済新聞出版社，2010年。

・Steuart, James著，小林昇監訳『経済の原理 ―第1・第2編―』名古屋大学出版会，1998年。

・Turgot, Anne-Robert-Jacques著，津田内匠訳『チュルゴ 経済学著作集』岩波書店，2016年。

・Walras, Marie Esprit Léon著，柏崎利之輔訳『社会的富の数学的理論』日本経済評論社，2004年。

・Chamberlin, Edward Hastings, 1934, The Influence of Marginal Buyers on Monopolistic Competition, Quarterly Journal of Economics, 49, 1, 121-137.

・Chamberlin, Edward Hastings, 1961, The Origin and Early Development of Monopolistic Competition Theory, Quarterly Journal of Economics, 75, 4, 515-543.

・Hurwicz, Leonid, 1972, On Informationally Decentralized Systems, in McGuire, C.B., and Roy Radner, ed., Decision and Organization, A Volume in Honor of Jacob Marschak, North Holland, Amsterdam, Chapter 14.

───── 第 2 章 ─────

需 要 と 供 給

前章では自由市場を概観しました。本章では，消費者たちの気持ちを表す需要と，生産者たちの計画を表す供給について説明します[1]。

① 需　要

需要とは「いくらならいくつ買いたい」という消費者たちの気持ちです。人気の携帯端末iPhoneを例に考えましょう。新型iPhoneの発売日に，Appleストア前に行列ができることがあります。この端末に興味がない人は「なぜそこまでするのだろう」と思いますが，寝袋を持って前日から並ぶ人もいます。そこまでする人は，発売日にどうしても手に入れたい人でしょう。

図表 2 − 1　iPhone を求める行列

図表 2 − 2 は，iPhoneの価値を高く見積もる人から順に並ぶ列を模式化したものです。列の先頭に並ぶのは，1台10万円の端末を買うと12万円の便益が得られる人です。2番目に並ぶのは11万9,900円の便益が得られる人です。3番目に並ぶのは11万9,800円の便益が得られる人です。

───────────────

1 ）永澤訳（1997a, pp.143-146）を参照。安井・熊谷訳（2006, p.78）に「これまでの議論では，単独個人の行動を取扱ってきた。しかし経済学は，結局のところ，単独の個人の行動には大して興味をもたない。それが関心をもつのは個人の群の行動である」とある。

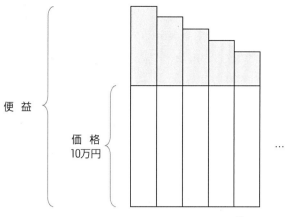

便　益

価　格
10万円

…

図表 2 − 2　消費者たちの行列[2]

　多様な便益を持つ消費者たちの行列を曲線で近似したものを需要曲線といいます。列の前のほうに便益の高い消費者が，列の後ろのほうに便益の低い消費者が並びますので，需要曲線は右下がりになります。

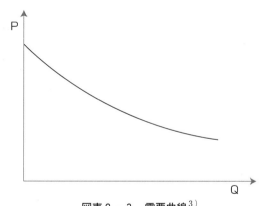

図表 2 − 3　需要曲線[3]

---

2 ）小泉他訳（1981, p.95）の第 7 図，Bonar（1888, p.15）の表，Edgeworth（1904, p.190）の表，永澤訳（1997a, p.190）のFig.(10)を参考に，各消費者の限界便益を横に並べて作成。需要の集計にあたり「人間自身の性格と嗜好に何らかの変化が生ずるだけの時間を認めない」（永澤訳, 1997a, p.135）ことに留意する。永澤訳（1997a, pp.139-140, pp.161-162），久武訳（2015, pp.77-79），中山訳（2022, p.92, p.121）も参照。説明の便宜のために，消費者と生産者の行列（図表 2 − 2 と図表 2 − 5）を異なるモノで描写する。

3 ）永澤訳（1997a, p.141）のFig.(1)を参照して作成。横軸のQは数量，縦軸のPは価格である。数量については小泉他訳（1981, p.xvi），価格については八木他訳（1991, p.304），需要曲線の仮定についてはWeintraub（1942, pp.538-539），連続関数としての需要については中山訳（2004, pp.38-40），山崎（2010）を参照。個別需要と市場需要の関係については小泉他訳（1981, pp.37-38, pp.68-69），久武訳（2015, pp.57-59），高見訳（2015）第12章を参照。小林監訳（1998, p.182）に「需要についてのわれわれの定義に従って，価格の低落に比例して需要はふつう大きくなる」とある。

　図表2－4の左図は，図表2－3に価格を表す水平線とそれに対応する垂線を描き加えたものです。価格がこの水準にあるとき，垂線より左側（列の前のほう）に並ぶ人たちはモノを買い，垂線より右側（列の後ろのほう）に並ぶ人たちはモノを買いません。価格は，消費者を買う人と買わない人に分けます。

　価格が消費者を分けるのはなぜでしょうか。右図はそれを説明するためのものです。垂線より左に並ぶ人たちの便益は価格より高い水準にあります。この人たちはお得と感じて買います。垂線より右に並ぶ人たちの便益は価格より低い水準にあります。この人たちは高いと感じて買いません。消費者各人が自らの便益と価格を比べてふるまいを決めますので，価格は消費者を二分するようにみえます。

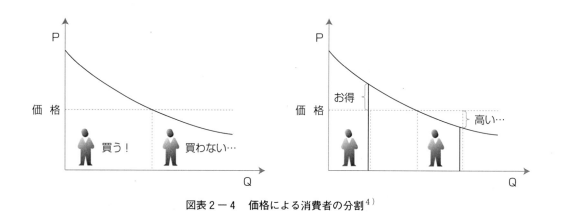

図表2－4　価格による消費者の分割[4]

2 供　給

　供給とは，「いくらならいくつ作って売りたい」という生産者たちの計画です。1つ100円で売れる標準的なみかんの栽培を例に考えましょう。標準的なみかんは多くの農家が栽培していますが，気候や土壌などの条件によって，栽培の費用が少なく済む地域と多くかかる地域があります。

　図表2－5は農家の行列を表しています。消費者の例では欲しい順に並びましたが，ここでは，少ない費用でみかんを作れる農家から順に並ぶことにします。列の先頭に並ぶのは，1個あたり80円の費用で100個のみかんを作れる農家です。2番目に並ぶのは1個あたり81円の費用で100個のみかんを作れる農家です。3番目に並ぶのは1個あたり82円の費用で100個のみかんを作れる農家です。

4）木本訳（1992，pp.158-160）を参照して作成。

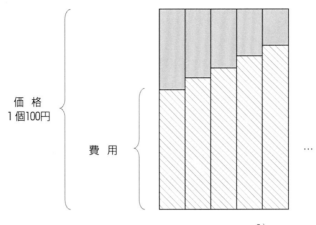

図表 2 − 5　生産者たちの行列[5]

　多様な費用構造を持つ生産者たちの行列を曲線で近似したものを供給曲線といいます。列の前のほうに少ない費用で作る生産者が，列の後ろのほうに多くの費用をかけて作る生産者が並びますので，供給曲線は右上がりになります[6]。

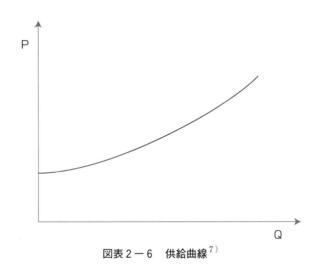

図表 2 − 6　供給曲線[7]

　次ページの図表 2 − 7 の左図は，図表 2 − 6 に価格を表す水平線とそれに対応する垂線を描き加えたものです。価格がこの水準にあるとき，垂線より左側（列の前のほう）に並ぶ人たちはモノを作って売り，垂線より右側（列の後ろのほう）に並ぶ人たちはモノを作りません。価格は，生産者を作る人と作らない人に分けます。

5 ）Davenport（1911）を参照して例を作成し，Bonar（1888, p.15）の表を参考に作成。説明の便宜から100個ずつ生産するとした。文中の「費用」は限界費用を意図している。
6 ）個別供給と市場供給の関係については高見訳（2015）第12章を参照。
7 ）永澤訳（1997b, p.32）の Fig.（18）を参考に作成。

　価格が生産者を分けるのはなぜでしょうか。右図はそれを説明するためのものです。垂線より左に並ぶ人たちの費用は価格より低い水準にあります。この人たちは売るともうかりますので作ります。垂線より右に並ぶ人たちの費用は価格より高い水準にあります。この人たちは売ると損しますので作りません。生産者各人が自らの費用と価格を比べてふるまいを決めますので，価格は生産者を二分するようにみえます。

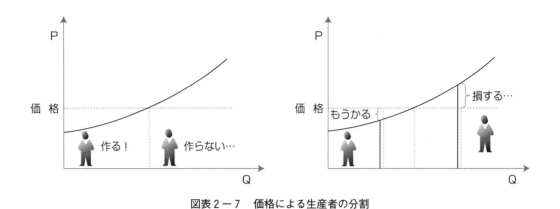

図表2－7　価格による生産者の分割

③ 均衡価格と総余剰

　消費者たちの気持ち，生産者たちの計画を考えるとき，価格は与えられたものとしてきました。ここでは価格の決まりかたを考えます。価格の決まりかたは，図表2－8に示す市場の類型によって異なります。本節では完全競争市場における価格の決まりかたをみます。

図表2－8　市場の類型

　完全競争市場では，図表2－9が示すように，消費者たちの気持ちを表す需要曲線と，生産者たちの計画を表す供給曲線が交わる点から価格が導かれます。この価格は，需要と供給が一致する特別な価格ですので，均衡価格という名前がついています。

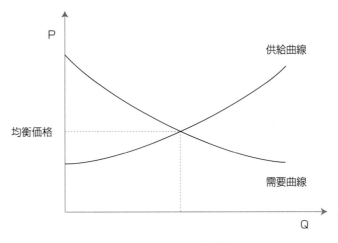

図表 2 － 9　均衡価格[8]

　ミクロ経済学を体系化したマーシャルという人は,「2 つの刃が重なってハサミが物を切るように, 消費者たちの気持ちと生産者たちの計画が重なって均衡価格が導かれる」と, このグラフをハサミにたとえています。

ハサミのようなもの

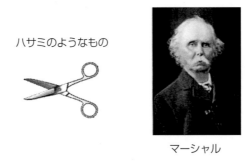

マーシャル

図表 2 － 10　マーシャルのハサミ[9]

───────────────

8）永澤訳（1997b, p.34）の Fig.（19）を参照して作成。Humphrey（1992）も参照。

9）The Library of Economics and Liberty から画像を取得。「ハサミ」については永澤訳（1997b, pp.37-39, p.312）を参照。

　　A. マーシャルは 1902 年に英国経済学会（現在の王立経済学会）を設立し, 1903 年にケンブリッジ大学経済学優等卒業試験を創設した（大野訳, 1999, p.289）。彼は A. C. ピグーや J. M. ケインズを育てた教育者でもあった。日本人の教え子もいた（大野訳, 1999, p.288 の脚注(1)；西岡, 1994）。その威光は「教え子と教え子の教え子とを通じて, 彼の支配はほぼ完璧」（大野訳, 1999, p.297）というほどであった。

　　彼の主著『経済学原理』は, 長らく経済学を学ぶ人たちのバイブルであった。ケインズ（大野訳, 1999）はこの書を「ジュピターの頭から, 完全かつ十分な武装をした姿で生み落とそうとした包括的な体系書」（p.244）であり「凸凹のとれた知識の球体の, 隠れた裂け目に内蔵されているものの半分が分かるまでには, 読者自身の側で, 多大の研究と独立の思考が必要なのである」（p.281）と評している。ケインズは「鷲のような鋭いまなこと天翔ける翼」

18 ──◎

　消費者各人の「お得感」を合計したものを消費者余剰といい，生産者各人の「もうけ」を合計したものを生産者余剰といいます。図表2－11は消費者余剰と生産者余剰を表しています。消費者各人の「お得感」は便益と均衡価格の差ですので，消費者余剰は縦軸，需要曲線，均衡価格水準に囲まれた三角形様の領域の面積によって表されます。生産者各人の「もうけ」は均衡価格と費用の差ですので，生産者余剰は縦軸，供給曲線，均衡価格水準に囲まれた三角形様の領域の面積によって表されます。消費者余剰と生産者余剰の和を総余剰といいます。総余剰は売買から得られる社会的メリットを映し出します。

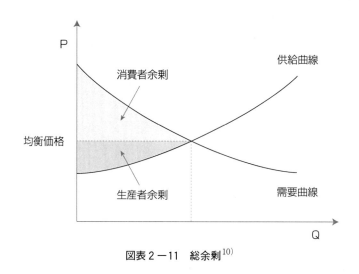

図表2－11　総余剰[10]

　　（p.232）と「はかり知れない無私無欲と公共精神」（p.267）を併せ持つ「近代の図形的経済学の創始者」（p.249）とこの偉大な師を評している。

10）永澤訳（1997a, p.183），永澤訳（1997b, p.295）のFig.(39)を参照して作成。消費者余剰の原型は栗田訳（2001）を参照。安井・熊谷訳（2006）の第2章への補論に掲げられた第10図と第11図が示すように，消費者余剰は財Xが全く売買されないときと自由に売買されるときの満足度の差を，貨幣量（合成財の個数）で表したものである。第11図に引かれた線が垂直でなければ，満足度の差を貨幣量と財Xの個数で表さざるを得なくなる。財Xの限界効用は一定でないから，消費者各人が売買する前に財Xをいくつ保有していたのか知る必要が出てくる。すべての消費者の財産目録を経済学者が事前に知ることはできない以上，売買から得られるメリットを計測する際に準線形選好の仮定を置かざるを得ない。ただ，そうであるなら経済モデルのほとんどで初期賦存量を想定するのは奇妙である。貨幣の限界効用一定の仮定については姫岡訳（1996, p.272）の節870，永澤訳（1997a, p.138），川俣（2010, p.246）の脚注4），丸山（2009, pp.156-158）を参照。林（2013, p.122）の図表7.6は，財1の価格が上がったとき，代替効果で財1の購入量が減り財2（貨幣）の保有高は増えるが，所得効果で財1の購入量はそれ以上減らない代わりに財2（貨幣）の保有高は減る。2つの効果を合わせてみると，財1は代替効果のみの影響を受け消費量が減るが，財2（貨幣）の保有高は代替効果で増えるものの，所得効果で大幅に減り，結果として減っている。この現象は「所得効果がない場合」というより「売買から得られるメリットを貨幣量で計測できる場合」とするほうが自然である。

補 論　ホッブズとロック

　消費者を買う人と買わない人に分ける価格がなければ，欲しいモノを巡る消費者たちの争いを止める手立てがなくなってしまいます。ホッブズは次のように書いています。

　「あらゆる人間が平等で，すべての人が自分自身の裁判官であることを許されているこの人間の状態においては，人間が相互に有する恐怖はだれにも平等に存し，すべての人の希望はみずからの悪知恵と体力とに存する。したがって，だれかある者がみずからの自然の情念によって，これらの自然法の違反へと駆り立てられる場合，他のいかなる者にも〔その違反者の〕機先を制する以外には自分自身の防衛の保証はない。そして，この理由のゆえに，すべての人が有する，自分自身の目から見て善と思われる一切のことを行う権利は（その人がどれほど平和を志向していようとも），自己保存の必要不可欠な手段として，依然としてすべての人に留まる。それゆえ，相互に対して自然法を守るための保障が人間のあいだに存在するにいたるまでは，人間は依然として戦争の状態にいるのであり，みずからの安全と便益に資することはすべていかなる人にとっても不法ではない」[11]

　この「万人の万人に対する闘争」に終止符を打つために，ホッブズは絶対的な君主を想定しました。経済学はその別解として神聖な価格を想定します[12]。では，欲しいモノを手にするために払うお金はどのように手に入れるべきなのでしょうか。ロックは「働くことによってである」と書いています。

　「人は誰でも，自分自身の身体に対する固有権(プロパティ)をもつ。これについては，本人以外の誰もいかなる権利ももたない。彼の身体の労働と手の働きとは，彼に固有のものであると言ってよい。従って，自然が供給し，自然が残しておいたものから彼が取りだすものは何であれ，彼はそれに自分の労働を混合し，それに彼自身のものである何ものかを加えたのであって，そのことにより，それを彼自身の所有物とするのである」[13]

---

11) 高野訳（2017, pp.160-161）から引用。高野訳（2017, pp.115-121, p.265, p.284），本田訳（2011, p.21, pp.41-44, p.52, p.160, p.207, p.297），水田訳（2010a, pp.210-211, p.246），水田訳（2010b, p.27, p.43），小林監訳（1998, p.162, pp.437-439, p.453）も参照。価格の働きはJ.カルヴァンの特定恩寵説を想起させる（中山訳, 2017, p.65の注23）。

12) J.ベンサムに「政治社会」と「自然社会」という語がある（小畑, 2013, pp.75-77）。

13) 加藤訳（2017, p.326）から引用。加藤訳（2017, pp.174-175, pp.315-316, pp.526-527）と後篇第5章全般，とりわけ節40を参照。小畑（2013, pp.17-22）も参照。

　こうした勤労精神を持つ人は自らの必要を超えて生産を拡大し，余剰品を売り出すようになります[14]。大著『経済の原理』を著したジェームズ・ステュアートは，ロックの考えを発展させ，貨幣が富める者とそうでない者との売買を可能にし，売買によって所得が再分配されると主張しました。

　「国内商業の繁栄を維持することの利点を認めないわけにはいかない。このような方策によって，高尚な趣味と洗練された技芸とが最高度の段階にまで高められうる。住民の全部が仕事と消費とに充用されうるし，誰もが迅速な流通によって豊かで安楽な暮らしができるようになる。こういう流通はあらゆる住民のあいだに富の合理的な平等をもたらすだろうからである。奢侈は不平等の結果ではありえても，決してその原因とはなりえない。退蔵と吝嗇とは大きな財産を作るが，奢侈はそれを分散させて，平等を回復する」[15]。

　ホッブズ的需要とロック的供給をステュアートの貨幣で結びつけたマーシャルは，やはり天才だったのかもしれません[16]。

---

14) 加藤訳（2017, p.330）に「神は，どの程度にまでわれわれに与え給うたのであろうか。それらを享受する程度にまでである。つまり，人は誰でも，腐敗する前に，自分の生活の便益のために利用しうる限りのものについては自らの労働によって所有権を定めてもよい。しかし，それを越えるものはすべて彼の分け前以上のものであり，他者に属する」とある。加藤訳（2017, pp.166-168, p.350, p.420）も参照。

　　経済活動は，明日をもしれぬ戦乱の世ではままならない。水田訳（2010a, p.211）に，戦争状態にあっては「勤労のための余地はない。なぜなら，勤労の果実が確実ではないからであって，したがって土地の耕作はない。航海も，海路で輸入される諸財貨の使用もなく，便利な建築もなく，移動の道具およびおおくの力を必要とするものを動かす道具もなく，地表についての知識もなく，時間の計算もなく，学芸もなく文学もなく社会もなく，そしてもっともわるいことに，継続的な恐怖と暴力による死の危険があり，それで人間の生活は，孤独でまずしく，つらく残忍でみじかい」とある。イングランド内戦の焼け野原の上に，商いという平和の花が咲いた。

15) 小林監訳（1998, p.296）から引用。小林監訳（2022, p.219）にも「交易はほとんどのヨーロッパ諸国で最近になって洗練されたものであり，産業のそれはもっと最近のものである。双方ともその始まりはゆるやかで，かすかで，目につかない。それを促進する原動力は国民の下層階級である。この階級を構成する個々人の利害は為政者の注意には値しないと思う人がいるかもしれないが，しかし，この巨大な構造物が構築されるのはただ彼らの勤労の蓄積のみによるのである」とある。小林監訳（1998, p.149, pp.225-226）も参照。

16) 経済学には供給中心に考えるD.リカード，J.S.ミル，J.B.セーらの流れと，需要中心に考えるT.R.マルサス，A.J.É.J.デュピュイ，W.S.ジェヴォンズらの流れがある。需要中心の流れについてはStigler（1950）を参照。御崎・山下訳（2023）第1部第3講義も参照。

[参考文献]

・小畑俊太郎『ベンサムとイングランド国制 ─国家・教会・世論─』慶應義塾大学出版会，2013年。
・川俣雅弘「パレートの研究計画と20世紀ミクロ経済学の展開」，丸山徹編『経済学のエピメーテウス ─高橋誠一郎の世界をのぞんで─』知泉書館，2010年，pp.243-272。
・西岡幹雄『近代日本の経済学と新古典派経済学の導入 ─マーシャル経済学の受容とその実態に関する一研究─』經濟學論叢，同志社大学経済学会，45, 3, 70-148，1994年。
・林貴志『ミクロ経済学』増補版，ミネルヴァ書房，2013年。
・丸山徹『ワルラスの肖像』勁草書房，2009年。
・山崎昭「経済分析の歴史における経済数量の認識と表現形式について ─Debreuコンジェクチャーの視点から─」，丸山徹編『経済学のエピメーテウス ─高橋誠一郎の世界をのぞんで─』知泉書館，2010年，pp.296-328。
・Bentham, Jeremy著，中山元訳『道徳および立法の諸原理序説』上，筑摩書房，2022年。
・Böhm-Bawerk, Eugen von著，木本幸造訳『マルクス体系の集結』未來社，1992年。
・Cournot, Antoine Augustin著，中山伊知郎訳『富の理論の数学的原理に関する研究』近代経済学古典選集 2，日本経済評論社，2004年。
・Dupuit, Arsène Jules Étienne Juvenel著，栗田啓子訳『公共事業と経済学』近代経済学古典選集【第 2 期】，1，日本経済評論社，2001年。
・Hicks, John Richard著，安井琢磨・熊谷尚夫訳『価値と資本 ─経済理論の若干の基本原理に関する研究─』上，岩波書店，2006年。
・Hobbes, Thomas著，高野清弘訳『法の原理 ─自然法と政治的な法の原理─』行路社，2017年。
・Hobbes, Thomas著，本田裕志訳『市民論』近代社会思想コレクション 01，京都大学学術出版会，2011年。
・Hobbes, Thomas著，水田洋訳『リヴァイアサン 1』岩波書店，2010年(a)。
・Hobbes, Thomas著，水田洋訳『リヴァイアサン 2』岩波書店，2010年(b)。
・Jevons, William Stanley著，小泉信三・寺尾琢磨・永田清訳，寺尾琢磨改訳『経済学の理論』近代経済学古典選集 4，日本経済評論社，1981年。
・Keynes, John Maynard著，大野忠男訳『人物評伝』ケインズ全集第10巻，東洋経済新報社，1999年。
・Locke, John著，加藤節訳『完訳 統治二論』岩波書店，2017年。
・Marshall, Alfred著，永澤越郎訳『経済学原理』第 1 分冊，岩波ブックサービスセンター，1997年(a)。
・Marshall, Alfred著，永澤越郎訳『経済学原理』第 3 分冊，岩波ブックサービスセンター，1997年(b)。
・Menger, Carl著，八木紀一郎・中村友太郎・中島芳郎訳『一般理論経済学』2，遺稿による『経済学原理』第 2 版，みすず書房，1991年。
・Pareto, Vilfredo Frederico Damaso著，姫岡勤訳・板倉達文校訂『一般社会学提要』名古屋大学出版会，1996年。
・Pigou, Arthur Cecil著，高見典和訳『ピグー 知識と実践の厚生経済学』ミネルヴァ書房，2015年。
・Steuart, James著，小林昇監訳『経済の原理 ─第 1・第 2 編─』名古屋大学出版会，1998年。
・Steuart, James著，小林昇監訳『経済の原理 ─第 3・第 4・第 5 編─』名古屋大学出版会，2022年。
・Walras, Marie Esprit Léon著，久武雅夫訳『ワルラス 純粋経済学要論』岩波書店，2015年。
・Walras, Marie Esprit Léon著，御崎加代子・山下博訳『ワルラス 社会経済学研究』日本経済評論社，2023年。
・Weber, Max著，中山元訳『世界宗教の経済倫理 ─比較宗教社会学の試み 序論・中間考察─』日経BP，2017年。
・Bonar, James, 1888, The Austrian Economists and Their View of Value, Quarterly Journal of Economics, 3,

1, 1-31.

· Davenport, Herbert Joseph, 1911, Cost and Its Significance, American Economic Review, 1, 4, 724-752.

· Edgeworth, Francis Ysidro, 1904, The Theory of Distribution, Quarterly Journal of Economics, 18, 2, 159-219.

· Humphrey, Thomas M., 1992, Marshallian Cross Diagrams and Their Uses before Alfred Marshall, Economic Review, Federal Reserve Bank of Richmond, March/April, 3-23.

· Stigler, George Joseph, 1950, The Development of Utility Theory. I, Journal of Political Economy, 58, 4, 307-327.

· Weintraub, Sidney, 1942, The Foundations of the Demand Curve, American Economic Review, 32, 3, 1, 538-552.

第3章

限界分析

　前章では完全競争市場の均衡価格と総余剰について学びました。本章では，完全競争市場の均衡点付近のようすを詳しくみます。

❶ 限界的消費者と限界的生産者

　図表3－1はiPhoneに対する消費者たちの気持ちを表しています。列の先頭に並んでいるのは，10万円の端末を購入して12万円の便益が得られる人です。この人は迷いなくiPhoneを買います。2番目，3番目，4番目，5番目に並んでいるのも便益が価格を大きく上回る人ですので，迷いなくiPhoneを買います。一番右にいるのは便益が価格をわずかに上回る人です。この人は「買いたいけどお得感がほとんどない。どうしよう」とぎりぎりのところで迷っています。このような人を限界的消費者といいます。この限界的消費者は，価格がわずかに上がると便益が価格を下回りますので購入をとりやめます。

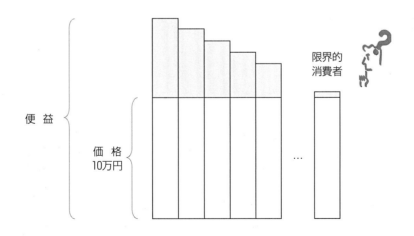

図表3－1　限界的消費者[1]

1）永澤訳（1997a, pp.135-146）を参照して作成。

　図表３－２はみかんを栽培する農家の計画を表しています。列の先頭に並んでいるのは１個あたり80円の費用で100個のみかんを作れる農家です。この農家は迷いなくみかんを作って売ります。２番目，３番目，４番目，５番目に並んでいるのも，費用が価格を大きく下回る農家ですので，迷いなくみかんを作って売ります。一番右にいるのは費用が価格をわずかに下回る農家です。この農家は「作って売りたいけどもうけがほとんどない。どうしよう」とぎりぎりのところで迷っています。このような人を限界的生産者といいます。この限界的生産者は，価格がわずかに下がると費用が価格を上回りますので生産をとりやめます。

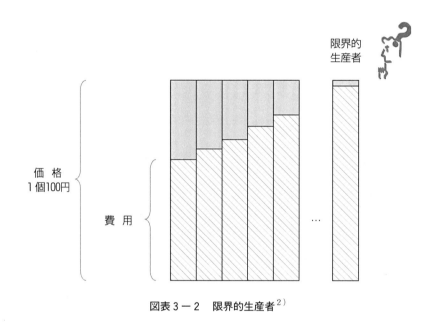

図表３－２　限界的生産者[2]

　限界的消費者と限界的生産者は，図表３－３の需要曲線と供給曲線が交わる点の近くに位置します。購入しようとしていた限界的消費者は，価格がわずかに上がると購入をとりやめます。購入を見合わせていた限界的消費者は，価格がわずかに下がると購入を決意します。生産しようとしていた限界的生産者は，価格がわずかに下がると生産をとりやめます。生産を見合わせていた限界的生産者は，価格がわずかに上がると生産を決意します[3]。

２）永澤訳（1997b, pp.70-72）を参照して作成。
３）八木他訳（1991, p.300）に「どこでも，またいつの時点をとってみても，われわれは，その限度までは，二人の人物が自分たちの財を，双方の経済的利益になるかたちで，交換しあうことのできる，ある種の限界を認めることができるだろう。この限界をふみこえることは，そのために，不利な経済的状態に自分を以後おいこむことなしには，ゆるされない」とある。

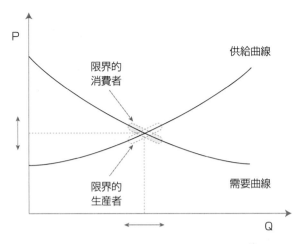

図表3－3　限界的消費者と限界的生産者[4]

　価格のわずかな動きに応じてふるまいを変える限界的消費者と限界的生産者に注目して経済を分析しようと提唱したのは，150年ほど前に活躍したスイスのワルラス，オーストリアのメンガー，英国のジェヴォンズです。彼らの考えは経済学に大きな影響を与えたことから「限界革命」といわれます。

　　　ワルラス　　　　　　　　メンガー　　　　　　　ジェヴォンズ

図表3－4　限界革命のトリオ[5]

4）小泉他訳（1981, pp.82-84）を参考に作成。
5）The Library of Economics and Libertyから画像を取得。W.S.ジェヴォンズについてはJevons and Jevons（1934）と福岡（1983）を，W.S.ジェヴォンズから見たD.リカード，J.S.ミル，A.マーシャルについては大野訳（1999, pp.146-214）を，限界革命についてはBonar（1888）とWicksteed（1914）を参照。田村訳（2002, p.63）に「旧古典派経済学がなかば無意識のうちに説明の対象とした安定的な経済状態と日常のわずかな振動を，体系的・意識的に把握し，純粋理論の唯一の対象としたのである。これによって，彼らはたしかにこの特殊な問題を効果的に解決し，経済心理学の形成と価値論の多くの部分の発展に貢献した」とある。小泉他訳（1981, p.2）も参照。

❷ 供給増と総余剰

　供給が不足している市場で，限界的消費者はどのような立場に置かれるのでしょうか。また，それをビジネスチャンスと捉える限界的生産者のふるまいは価格と総余剰にどのような影響を与えるのでしょうか[6]。

　お掃除ロボの市場を例に考えましょう。iRobotのルンバが登場してから，ゴミの感知，掃除，電源ベースへの帰還が自動化されたロボが普及してきています。ただし，ロボの価格は7万円くらいであることが多く，「欲しいけど少し高いな」と購入をためらう消費者も少なくありませんでした。

　図表3－5はお掃除ロボの市場を表しています。完全競争であれば，需要曲線と供給曲線が交わる点から均衡価格 P^* が導かれ，数量 Q^* だけ売買されます。ロボの市場では，供給量が Q^* より少ない Q' にとどまり，価格は P' に高止まりしています。

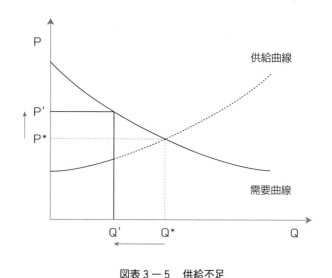

図表3－5　供給不足

　図表3－6は供給が少ないときの余剰を表しています。消費者は価格 P' を払って需要曲線上の便益を得ますので，消費者余剰はグラフ左上の三角形様の領域の面積によって表されます。生産者は供給曲線上の費用を払って価格 P' の収入を得ますので，生産者余剰はグラフ左下の台形様の領域の面積によって表されます。総余剰は消費者余剰と生産者余剰の和です。数量 Q' より右に並ぶ Q' から Q^* までの人は，お掃除ロボが十分に供給され，

6）永澤訳（1997b, p.18, pp.33-34）を参照。本書の余剰分析は準線形の選好を仮定し，均衡点付近を拡大して行う。また，福岡（2007, p.7）の脚注6）に留意する。

価格が P^* まで下がれば購入する消費者です。潜在的消費者は生産者にとって利益機会です。この機会をものにすべく，新たな生産者がお掃除ロボの市場に参入します。

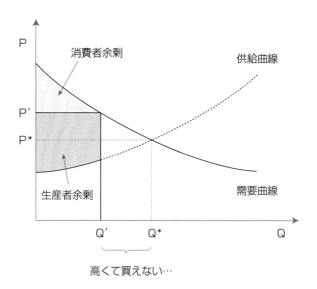

図表 3 － 6　総余剰（供給不足）[7]

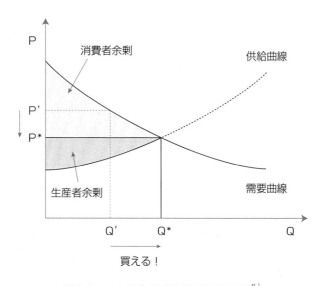

図表 3 － 7　総余剰（供給不足の解消）[8]

7 ）八木他訳（1991）のp.317の注釈，p.321の表の説明，p.338の表の説明を参照。
8 ）小林監訳（1998, p.183），山岡訳（2009, pp.63-64），山岡訳（2010, p.338），八木他訳（1991, pp.324-325, p.345），永澤訳（1997a, pp.197-198）を参照。価格が変わると起こることの描写については久武訳（2015）第21章，Hicks（1956）を参照。

　図表3－7は新規参入が生じた後のようすを表しています。供給量は Q' から Q^* へ増え，価格は P' から P^* へ下がりました。購入をためらっていた消費者が買えるようになり，消費者余剰は増えました。生産者余剰は縦長から横長へ形を変えました。高値で売っていた生産者の余剰は減りましたが，参入した生産者の余剰が加わりました。結果として，図表3－6と比べて明らかなように，総余剰は増えました。

　価格が高止まりしている市場に生産者が参入すると供給量が増え，総余剰は増えます。お掃除ロボの市場にも新規参入が相次いでいますので，総余剰は増えてきています。

❸ 供給減と総余剰

　競争が激しい市場で限界的生産者はどのようにふるまいがちなのでしょうか。また，それによって価格と総余剰はどう変わるのでしょうか。

　ここでは液晶パネルを例に考えます。シャープ，パナソニック，パイオニア，ソニーなど日本企業が世界を席巻していた頃，液晶パネルは多くの利益を稼ぐドル箱でした。しかし，パネルの製造技術が世界に浸透すると韓国，台湾，中国などのメーカーが参入して競争が激しくなりました。

　図表3－8は激しい競争にさらされる市場のようすを表しています。生産者が生き残りをかけてコストを減らしますので，限界費用を反映する供給曲線は価格とごく近い水準でほぼ水平になります。このとき，生産者余剰はとても小さくなります。生産者の大半が，作るのをやめるかどうか迷う限界的生産者になります。

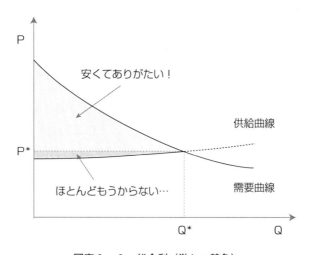

図表3－8　総余剰（激しい競争）

　このままでは共倒れになるという危機感を共有するパネルメーカーは，苦境を打開すべく極秘の話し合いを持つかもしれません。そして，「各社がある程度のもうけを確保できるように供給を減らし，価格を上げよう」という密約を結ぶかもしれません。この密約をカルテルといいます[9]。

　図表3－9はカルテルの影響を表しています。供給量は Q^* から Q' へ減り，価格は P^* から P' へ上がりました。消費者の一部が購入をとりやめ，消費者余剰は減りました。生産者余剰は横長から縦長へ形を変えて増えました。結果として，図表3－8と比べて明らかなように，総余剰は減りました。

　大半の生産者が限界的生産者になるくらい競争が激しい市場では，秘密裡にカルテルが結ばれ，価格が上がることがあります。生産者は一息つけますが，消費者余剰は減ります。

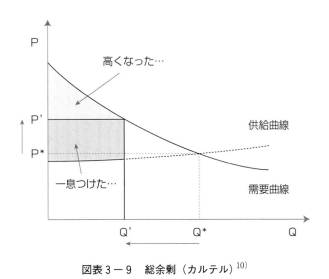

図表3－9　総余剰（カルテル）[10]

　供給不足の市場に新たな生産者が参入して供給が増えると，総余剰は増えます。競争が激しい市場で既存の生産者がカルテルを結び供給を減らすと，総余剰は減ります。総余剰は競争を極限まで推し進めた完全競争のとき最大になります。それで，生産者には酷ですが，経済学は完全競争を理想とし，独占を嫌います[11]。

9）八木他訳（1991）の第7章第3節cを参照。本田訳（2021）所収のH. グロティウス「海洋自由論」第12章も参照。カルテルについては本書第5章で詳述する。

10）山岡訳（2009, p.65, pp.126-151），永澤訳（1997a, pp.11-13），永澤訳（1997b, pp.72-74）を参照。八木（2022, p.93）の注28に，オーストリア＝ハンガリー二重帝国の砂糖カルテルの再結成により，配当率が1.79％から6％台へ回復したとある。

11）Baumol（1982, p.2）を参照。

④ 市場の効率

　「誰かが得するとき，他の誰も損しないこと」を経済学で「改善」といいます。パレートという人が提唱しましたので，これをパレート改善といいます。そして，パレート改善できない状態，すなわち「誰かが得するとき，他の誰かが損する」状態をパレート効率的といいます[12]。

　図表3－10は完全競争の総余剰を表しています。価格がわずかに下がると，安く買える消費者は得しますが，安く売らざるをえない生産者は損します。価格がわずかに上がると，高く売れる生産者は得しますが，高く買わざるをえない消費者は損します。どちらに価格が動いても損する人がでますので，完全競争の市場はパレート効率的です。本章第2節で取り上げた新規参入はパレート改善では「ない」ことに注意しましょう。図表3－6と図表3－7を比べるとわかるように，新規参入によって価格が下がると高値で売っていた生産者のもうけが減りますので，パレート改善ではありません。

　価格が変化するとき，消費者と生産者の誰も損しないのは希です。この点に注意して，本書ではパレート改善ではなく「総余剰の増加」，パレート効率的ではなく「最大の総余剰」という言葉を用いています。

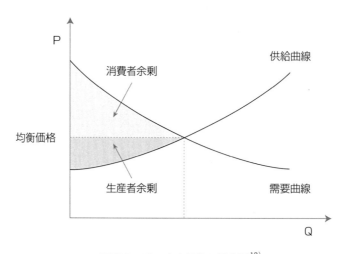

図表3－10　完全競争の総余剰[13]

---

12) Debreu and Scarf（1963）を参照。ここで「得」とは変化前より状況が良くなること，「損」とは変化前より状況が悪くなることを意味する。

13) 功利性の原理については中山訳（2022）第1章を参照。全会一致の原則について，伊藤・渡部訳（2016, p.428）に「この世界の全ての人間がある瞬間に，全ての事物の生まれながらの共有を私的な支配へと変更することで一つの精神に合意集合することはめったに無い慶事で

補 論　ベンサムとミル

　アメリカ独立戦争からフランス革命へという市民革命期を生きたベンサムは，功利性の原理について次のように書いています。

　「政府の唯一の正しく，正当な目的が，最大多数の最大幸福であることを定めたこの原理が危険なものであることを，どうして否定することができようか。かなり少数の寵臣の最大幸福とともに，あるいはまったくそれもなしに，ある一人の人の最大幸福を，その現実の目的または目標とするすべての政府にとっては，この原理が危険なものであることは疑問の余地がない」[14]

　王の幸せが国家の幸せであった昔は過ぎ去り，ふつうの人でも商いをすることで経済的幸せを掴めるようになった時代に，「高貴な人からみればたわいのない庶民の楽しみも平等に考慮すべきだ。国民の幸せこそが国家の幸せなのだ」と，庶民の幸せを高らかに宣言したベンサムは，時代の空気を巧みに切り出すコピーライターでした。本章で学んだ（消費者）余剰の源流はここにあるともいわれます[15]。

　あった。というのは，そのような満場一致の同意が無ければ，共有が変更されることは不可能だったからである。というのも，この世界のただ一人の人間が，意見を異にしたら，その変更は，不正義となるからである」とある。また，本田訳（2011, pp.156-157）に「人々は互いに非常に異なっているので，同じものが万人にとって善いわけではなく，そのためある人々にとって最善と思われることが他の人々にとっては最悪と思われるようになる」とある。パレート効率的配分の不平等性は武藤訳（2010, pp.50-51）にあるイソップ童話を参照。

　本田訳（2011, p.130）に「群衆の中の各人（国家の設立の端緒はこの各人から生じる）が，集合体の中の誰の提案することであれ，そのうちで彼らの多数派が望んだことが全員の意志とみなされる旨，他の人々と合意しなければならないということである。なぜなら，これ以外の仕方では，互いにこれほどさまざまに異なったものの考え方や願望を持った人々からなる群衆にとって，その意志などというものは全然何も存在しないだろうからである。だがもし誰か合意したがらない者がいれば，他の人々はお構いなしにこの者を抜きにして自分たち同士で国家を設立する。このことから，国家は合意しない者に対しては，敵に対してと同様に，その原初の権利，すなわち戦争の権利を保持する，ということになる」とある。

　第2編で詳述するが，全会一致の原則を一歩でも踏み越えるや猛烈な争いが現出する。

14) 中山訳（2022, p.40）から引用。ベンサムのこの書は1780年執筆，1789年初版である。

15) 功利性の原理は哲学者がトロッコ問題の如き例を持ち出し藁人形にする「功利主義」とは別物である。この原理は「全体のために誰かを犠牲にする」話ではなく，それまで見向きもされなかった「ふつうの人の声を聞くべきだ」という話である。この話は今となっては常識だが，当時は革命的であった。「心の広いバウバンでさえ（一七一七年に書いたもののなかで），人民を富ますことが国王を富ます唯一の道である——民貧しければ国貧しく，国貧しければ

　19世紀中頃になると，中世的な足枷を解かれた庶民のextravagantは「やりたい放題」と非難されるようになります。これを見かねたJ.S.ミルは，功利にも貴賤があるはずだと主張します。

　「低レベルのものだけを楽しいと感じられる人々は，欲求が満たされる可能性が非常に高いのに対して，高次元の能力をそなえた人々はいつでも，自分が追求している幸福は世の中の現状では不完全さを免れないだろう，と感じるものである」。「満足した豚であるよりも，満足していない人間がよい。満足した愚者よりも満足していないソクラテスがよい」[16]

　ベンサム流の考えを極限まで押し進めると「贅沢して威張っている人を殺してもよい」という流血革命を賛美する危険思想になりますし，ミル流の考えを極限まで押し進めると「幸せの基準は高貴なわ̇し̇とわ̇ら̇わ̇が作る」という鼻持ちならない選民思想になってしまいます。今を生きる私たちはほどよいバランスで歩むべきでしょう[17]。

王もまた貧し──と論ずることによって，人民の福祉に対する自らの関心を弁解しなければならなかった」（永澤訳，1997a，p.267の注（5））ほどである。関口訳（2021a，p.257）の訳注（9），本郷訳（2019，p.57），小畑（2013，pp.111-113）も参照。
　「最大多数の最大幸福」という言葉は，J.ベンサムが参照したC. B. ベッカリーア等の思想を受け継ぐ語のようである（小畑，2013，pp.86-87の註（21））。
16) 関口訳（2021b，pp.30-31）から引用。
17) 本段落の内容については小松訳（2020，pp.42-50，pp.182-198）を参照。経済学者によるJ.ベンサムとJ. S. ミルの対比はViner（1949）を参照。言うまでもないが，功利性の原理は「迷惑をかけなければ何をしてもよい」という考えではない。このような考えをむしろベンサムは厳しく批判している（小畑，2013，p.148）。筆者は必ずしもこれを信奉するものではないが，功利主義はいわれなき批判にまみれている。
　小畑（2013，pp.51-57）によれば，J.ベンサムによる功利性の原理は，聖書の教えのうちその対象となった民族のみならず他民族にも適用可能な道徳律とのことである。宗教と法律を分離する試みがみられる。
　社会厚生の「メートル法」ともいえる功利性の原理（小泉他訳，1981，pp.47-53）を唱えたJ.ベンサムは1792年10月に国民公会から名誉市民の称号を授与されたが，その時すでにフランス革命は過激化していた。ベンサムは称号を利用して国民公会を説き伏せようとしたが，翌1793年2月，フランスは英国に宣戦布告した（永澤訳，1997a，pp.273-275；小畑，2005；小畑，2013，p.96，pp.135-153）。同様の態度変更は革命の旗手であったE. J. シィエスにもみられる。ヴァンデ戦争については森山（2022）を参照。
　田村訳（2002，p.241）に「「レッセ・フェール」の素朴な楽観主義も，少年のような軽々しい革命の叫び声や，プロレタリアの専制政治は偉大な地上世界を幸福に導くことができるという子供じみた期待も，やはり両派がかつて非歴史的合理主義の双子の姉妹であった事実を，18世紀の幸福主義的啓蒙主義の気の抜けた最後の残滓であることをますます明らかにした」とある。大野訳（1999，p.262）には「今世紀の初めにおけるイギリス経済学者の研究の狭隘なことから生じたよくない結果のうちで，おそらく最も遺憾であったのは，社会主義者に経済学説を引用しかつ濫用する機会を与えたことであった」とある。

参考文献

・小畑俊太郎『フランス革命期ベンサムの政治思想』東京都立大学法学雑誌, 45, 151-210, 2005年。

・小畑俊太郎『ベンサムとイングランド国制 —国家・教会・世論—』慶應義塾大学出版会, 2013年。

・福岡正夫『ウィリアム・スタンレー・ジェヴォンズ：没後100年』三田学会雑誌, 76, 1, 18-54, 1983年。

・福岡正夫『均衡分析の諸相』岩波書店, 2007年。

・森山軍治郎『ヴァンデ戦争 —フランス革命を問い直す—』筑摩書房, 2022年。

・八木紀一郎『オーストリア経済思想史研究 — 中欧 帝国と経済学者—』名古屋大学出版会, 2022年。

・Bentham, Jeremy著, 中山元訳『道徳および立法の諸原理序説』上, 筑摩書房, 2022年。

・Filmer, Robert著, 伊藤宏之・渡部秀和訳『フィルマー 著作集』近代社会思想コレクション19, 京都大学学術出版会, 2016年。

・Grotius, Hugo／John Selden著, 本田裕志訳『海洋自由論／海洋閉鎖論1』近代社会思想コレクション31, 京都大学学術出版会, 2021年。

・Hobbes, Thomas著, 本田裕志訳『市民論』近代社会思想コレクション01, 京都大学学術出版会, 2011年。

・Hume, David著, 小松茂夫訳『市民の国について』下, 岩波書店, 2020年。

・Jevons, William Stanley著, 小泉信三・寺尾琢磨・永田清訳, 寺尾琢磨改訳『経済学の理論』近代経済学古典選集4, 日本経済評論社, 1981年。

・Keynes, John Maynard著, 大野忠男訳『人物評伝』ケインズ全集第10巻, 東洋経済新報社, 1999年。

・Lowry, Todd Stanley著, 武藤功訳「ピタゴラス学派の数学的理想主義と経済・政治理論の構想」, 丸山徹編『経済学のエピメーテウス —高橋誠一郎の世界をのぞんで—』知泉書館, 2010年, pp.33-61。

・Marshall, Alfred著, 永澤越郎訳『経済学原理』第1分冊, 岩波ブックサービスセンター, 1997年(a)。

・Marshall, Alfred著, 永澤越郎訳『経済学原理』第3分冊, 岩波ブックサービスセンター, 1997年(b)。

・Menger, Carl著, 八木紀一郎・中村友太郎・中島芳郎訳『一般理論経済学』2, 遺稿による『経済学原理』第2版, みすず書房, 1991年。

・Mill, John Stuart著, 関口正司訳『自由論』岩波文庫, 2021年(a)。

・Mill, John Stuart著, 関口正司訳『功利主義』岩波文庫, 2021年(b)。

・Pigou, Arthur Cecil著, 本郷亮訳『ピグー 財政学』名古屋大学出版会, 2019年。

・Schmoller, Gustav von著, 田村信一訳『国民経済, 国民経済学および方法』近代経済学古典選集【第2期】2, 日本経済評論社, 2002年。

・Smith, Adam著, 山岡洋一訳『国富論 国の豊かさの本質と原因についての研究』上, 日本経済新聞出版社, 2009年。

・Smith, Adam著, 山岡洋一訳『国富論 国の豊かさの本質と原因についての研究』下, 日本経済新聞出版社, 2010年。

・Steuart, James著, 小林昇監訳『経済の原理 —第1・第2編—』名古屋大学出版会, 1998年。

・Walras, Marie Esprit Léon著, 久武雅夫訳『ワルラス 純粋経済学要論』岩波書店, 2015年。

・Baumol, William Jack, 1982, Contestable Markets: An Uprising in the Theory of Industry Structure, American Economic Review, 72, 1, 1-15.

・Bonar, James, 1888, The Austrian Economists and Their View of Value, Quarterly Journal of Economics, 3, 1, 1-31.

・Debreu, Gerard, and Herbert Scarf, 1963, A Limit Theorem on the Core of an Economy, International Economic Review, 4, 3, 235-246.

・Hicks, John Richard, 1956, A Revision of Demand Theory, Oxford University Press.

・Jevons, Harriet Winefrid, and Herbert Stanley Jevons, 1934, William Stanley Jevons, Econometrica, 2, 3, 225-

　　237.

· Viner, Jacob, 1949, Bentham and J. S. Mill: The Utilitarian Background, American Economic Review, 39, 2, 360-382.

· Wicksteed, Philip Henry, 1914, The Scope and Method of Political Economy in the Light of the "Marginal" Theory of Value and of Distribution, Economic Journal, 24, 93, 1-23.

第 4 章

完 全 競 争

前章で完全競争が総余剰を最大にすることを学びました。本章では，完全競争市場における消費者と生産者のふるまいをみます。

① 完全競争の条件

図表4－1は完全競争の条件を列挙したものです。条件1は売買されるモノが規格品であることを意味しています。みかんであれば，日本園芸農業協同組合連合会（日園連）が2Sから3Lまで6段階のサイズを定めています。鉛筆であれば，日本工業標準調査会（JISC）が9Hから6Bまで17段階の硬度を定めています。売買されるモノがこうした規格品であることは，完全競争が成立する条件の1つです[1]。

本章では，6つの条件のうち条件3，4，5について詳しく説明します。

1　同一とみなせるモノを売買する市場である

2　売買にかかる費用はゼロである

3　限界的消費者と限界的生産者が無数にいる

4　1人の消費者，1人の生産者の行動は価格に影響しない

5　生産者が市場に参入したり退出したりする費用はゼロである

6　売買の当事者は意思決定に必要なことすべてを知っている

図表4－1　完全競争の条件[2]

1）八木他訳（1991，pp.351-352），永澤訳（1997c）第5篇第1章を参照。

2）Stigler（1957），永澤訳（1997c）第5篇第2章と第3章を参照して作成。条件3の「無数」とは，消費者と生産者が「極めて多数存在していて，各人の購入量の測度がほとんど0」（福岡，2010，p.191）であることを意味する。Roberts and Postlewaite（1976）も参照。条件3，4，5が成立しない市場は第5章で，条件1，2，6が成立しない市場は第3部で学ぶ。

② プライステーカー

　図表4－2には，300円のモノを買うかどうかぎりぎりのところで迷っている限界的消費者が無数にいます。このとき，1人の消費者が「200円で買いたい」と言っても，生産者は相手にしません。200円に値下げしなくても，300円で買ってくれる消費者が無数にいるためです。

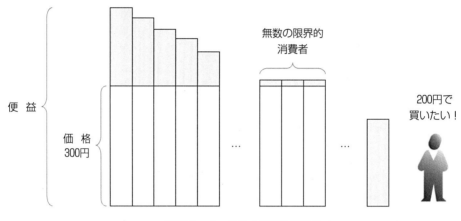

図表4－2　無数の限界的消費者

　無数の限界的消費者がいる市場では，消費者各人は自らの便益と価格を比べてふるまいを決めます。図表4－3はそのようすを表しています。価格 P^* に対応する数量 Q^* から伸びる垂線より左に並んでいる人は，便益が価格を上回りますので買います。垂線より右に並んでいる人は，便益が価格を下回りますので買いません。

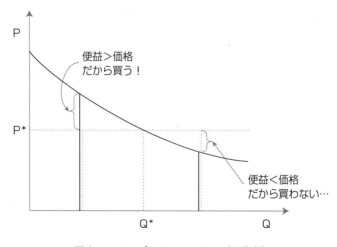

図表4－3　プライステーカー（消費者）

　図表4−4には，300円のモノを作って売るかどうかぎりぎりのところで迷っている限界的生産者が無数にいます。このとき，1人の生産者が「350円で売りたい」と言っても，消費者は相手にしません。350円出さなくても，300円で売ってくれる生産者が無数にいるためです。

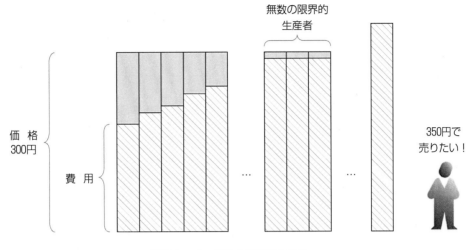

図表4−4　無数の限界的生産者

　無数の限界的生産者がいる市場では，生産者は自らの費用と価格を比べてふるまいを決めます。図表4−5はそのようすを表しています。価格 P^* に対応する数量 Q^* から伸びる垂線より左に並んでいる人は，費用が価格を下回りますので作って売ります。垂線より右に並んでいる人は，費用が価格を上回りますので作りません。

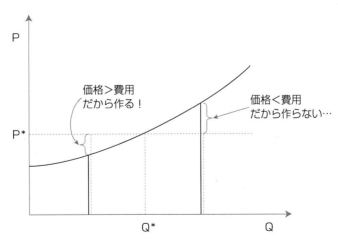

図表4−5　プライステーカー（生産者）

　図表４－１に掲げた条件３と条件４から，消費者と生産者は市場で付いている価格をみてふるまいを決めることがわかりました。与えられた価格をみてふるまいを決める人をプライステーカーといいます。

　では，市場で付いている価格を与えたのは誰でしょうか。消費者と生産者はプライステーカーですので，価格を与えることはできません。政府などの公的機関も価格を与えません。経済学では，「神の見えざる手」が価格を与えると考えます。

「見えざる手に導かれて…」

『道徳感情論』『国富論』

図表４－６　アダム・スミス[3]

　「神」と聞くと唐突な感じがしますが，消費者と生産者はお互いを気にせず，「神聖な」価格をみてふるまいを決めています。さらに，消費者と生産者が利己的にふるまうにもかかわらず，総余剰（売買から得られる社会的メリット）は最大化されます。経済学者は「これが神の御業でなくて誰の業であろうか」と言わずにおれないのでしょう。

均衡価格

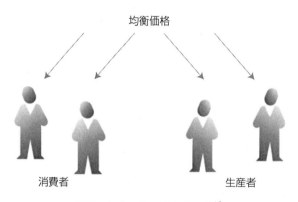

消費者　　　　　　　　　　生産者

図表４－７　神の見えざる手[4]

3）The Library of Economics and Liberty から画像を取得。

4）永澤訳（1997a, p.267）に「Laissez faire は何人も自らの好むものを好むやり方で造ることを許さるべきであるという意味である。すべての職業はすべての人に対して開かれているべきである。コルベール主義者の主張しているように政府は製造業者に対して彼らの造る衣類の意匠を命令すべきではないという意味である」とある。津田訳（2016, pp.23-27, p.38），久武訳（2015, pp.250-253），八木他訳（1991, p.347, pp.372-374）を参照。

　神の与え給うた価格が理想郷をもたらすという神話を信ずる人は，人の手が価格に触れることに強い違和感と反発心を抱きます。経済学者がときとして潔癖すぎるようにみえるのは，この神話によるのかもしれません[5]。

❸ 参入と退出

　条件5は，消費者と生産者は費用をかけずに市場に参入でき，また市場から退出できるとしています。ここでは，生産者の参入が市場に与える影響をみます。図表4−8は生産者の行列を表しています。列の中ほどに少ない費用で作れる生産者が参入すると，右の2人は列の後方へ追いやられます。

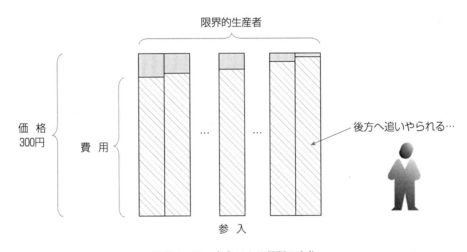

図表4−8　参入による行列の変化

　参入者が増えるにしたがい，右の2人はますます列の後方へ追いやられます。その結果，供給曲線は次ページの図表4−9のように右へ引き伸ばされます。水平に近い供給曲線は，ほぼ同じ費用の生産者が気の遠くなるほど長い列をなしている様を表しています。

　ずらりと並ぶ生産者の費用がほぼ同じになるということは，生産技術が同質化することを意味します。費用をかけずに参入できる市場で生き残るには，最高の生産技術を保有するほかありません。最高の生産技術は2つとありません。ただ1つです。

5）Hicks（1934）に "In a free economic system, under perfect competition, thou canst not stir a flower without troubling of a star." とある。植田訳（2013, p.356），永澤訳（1997b, pp.165-166）を参照。

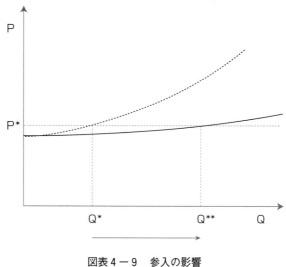

図表4－9　参入の影響

　参入が極限まで進むと，図表4－10のように，供給曲線は価格を表す水平線と一体化します。これは，消費者にとっては余剰がこの上なく大きい大変ありがたい状態ですが，生産者にとっては余剰がほぼ消滅するとても厳しい状態です。

　実際には，参入に費用がかかりますので生産者余剰が消滅するというのは極論です。しかし，競争が激しくなるにしたがい生産者が苦しくなるのは間違いなさそうです[6]。

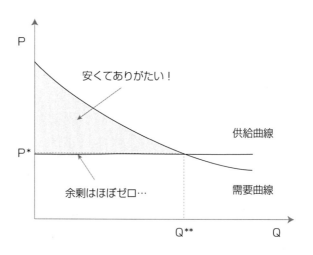

図表4－10　参入が極限まで進んだときのようす[7]

---

6) 高野訳（2017, pp.82-83）の詩，小松訳（2020, p.30）の修道僧の記述から，信仰心が篤い人たちの猛烈な葛藤を窺える。信仰に生きた彼らの人生は緊張に満ちている。

補 論　神の見えざる手

　高名な経済学者は，次のように市場価格を描写しています。

　「競争は価格の変動を，買い手と売り手の双方の妥当な利潤と両立しうる範囲に限定するものである。というのは，すでに述べたように，交易について論ずる場合に，われわれはいつも，購買と販売の全操作が商人によって行われるものと考えなければならないからである。買い手だと，彼がやがて消費者に配分する際に受け取ることを期待するような高い価格を支払うものとは思われないし，売り手だと，彼が製造業者にすでに支払った程度の低い価格を受け入れるものとは思われない」[8]（ステュアート『経済の原理』）

　「市場価格が自然価格を埋め合わせるのに十分以上であるほどに高く，（上に述べたように）あらゆる商人が求めるすべての事物に適合するならば，それはすごく利益の上がる職業であるように見え，金持ちになることを期待してすべての人がそこに押し寄せるだろう」。「その結果，それはより下層の人間の購入品となり，その自然価格まで下落するであろう。というのは，豊富と低価格は同一であるからだ」[9]（スミス『法学講義』）

　「競争の点から見てもっともよく組織せられた市場は，売買がたとえば取引員，仲立人，競売人のような売買を集中する仲介者によって行われる市場である。このような市場では，いかなる交換もその条件が発表せられ知らされることなくしては行われず，また売手が互いにより安く売ろうとし，買手が互いにより高く買おうとすることなしには行われないのである。証券取引所，商品取引所，穀類取引所，魚市場などはこのように機能する市場である」[10]（ワルラス『純粋経済学要論』）

7）利潤が消失する価格を「費用価格」（塘訳，1994，pp.91-93）という。生産者の競争が激化すると働き手を兼ねる消費者の給与所得は減り購買力が弱まるので，消費者余剰も減るはずである。しかし，ミクロ経済学は生産者と消費者を別人と記述し，企業のもうけは配当や利子の形ですべて消費者に還元されると考える。永澤訳（1997c，pp.27-28），長名（2010，p.13，p.70），長名（2011）第4章も参照。

8）小林監訳（1998，pp.185-186）から引用。小林監訳（1998，pp.183-190，pp.201-204，pp.359-363，p.368，p.374，pp.437-439，p.456），小林監訳（2022，p.6，pp.131-132）も参照。

9）水田他訳（2015，p.383）から引用。市場価格と自然価格は山岡訳（2009）第1編第7章を参照。村井・北川訳（2020，pp.221-222），山岡訳（2010，pp.105-106）も参照。

10）久武訳（2015，p.44）から引用。同書p.xxiの注8も参照。

　これらを読むと，神の見えざる手というより商人の見える手ではないかと思います。消費者，生産者，商人のふるまいが価格を上げたり下げたりしていますので，本章の本文で紹介したプライステーカーの仮定も当てはまりません[11]。

　では，見えざる手の源流はどこにあるのでしょうか。ロックは「「見えざる」という言葉が添えられたのは，彼が（像がそうされがちであるように）神との肉体的あるいは可視的な相似性を表象するという馬鹿げた想像を防ぐため」[12] だと書いています。見えざるとは「神的なものは無味無臭，姿形もない」ことを強調するための語のようです。神の見えざる手に近い表現は以下の賢人たちの著作にみられます[13]。

　「雨と日とが，かわるがわる自分の畑をゆたかにするのをみる農夫は，これらの恩恵が，どういう風にして自分に及ぶかにかかわりあわないで，これらの恩恵を与えてくれた手を讃美し，讃歎し，祝福しています」[14]。「わたしは，神の御手によって支えられる建物を，自分たちの弱い知識で支えようと，アーチに手をふれることを最初にあえてしたあの不謹慎な牧師たちに対しては，もっと力づよく反抗せねばなりませんでした」[15]（ルソー「ポーランド王への回答」）

　「私は，すべてが我々の効用のためにつくられた秩序を沈思黙考するたびに，至高の御手を祝福する。その御業の中で，私が向かうどこででも，正義と平等以外には出会うことがない」[16]（ガリアーニ『貨幣論』）

　「地上の楽園にすんでいたわれわれの最初の先祖は，神のみ手によって養われ，彼らの生まれついての性質のゆえに，心いらだつ肉体的な欲求からすべて免れていた。堕落の後，全人類はこのような欲求の結果である欲望の充足のための方法を考案し実行することに専念してきた」[17]（ステュアート『経済の原理』）

11）中山訳（2022）のpp.55-57とp.77の原注（7）を参照。
12）加藤訳（2019, p.247）から引用。
13）Invisibleの用例には，R. ボイル，W. ペティら17世紀イングランドの知識人が集ったInvisible College等がある。
14）前川訳（2019, p.74）から引用。
15）前川訳（2019, p.80）から引用。
16）黒須訳（2017, p.60）から引用。駐仏イタリア大使を務めたF. ガリアーニは百科全書派のD. ディドロの親友でもあった。
17）小林監訳（1998, p.412）の注から引用。小林監訳（1998, pp.449-450, p.454）も参照。

「神は人間衝動を調和するように創造していたのであり，人間衝動の自由な働きによって人間の幸福な状態をつくり出すことができる，という信念を共有している。だがそのための手段は，重農主義者のように国家と行政ではなく，人間社会であり，そこに支配する良き衝動の自由な発展である」[18]。「このシステムは，寛大で全能の神によって，これを放任するだけで人々が幸福で有利な結果を獲得することができるように設計された」[19]（シュモラー『国民経済，国民経済学および方法』）

　経済学者は，一方で消費者と生産者をつなぐ商人が需要と供給を一致させる価格を導くと言い，他方で全能の神が価格を与え給うとも言っています。矛盾しているようにみえますが，これが聖と俗のはざまに生きる人間の姿ではないでしょうか。

「自然の摂理に導かれて何らかの目的をめざしているにもかかわらず，その目的が賢明で思慮深い理性も奨めるようなものであった場合，自分を突き動かす感情や行動の作用因は理性なのだと考えがちである。そして実際には神の叡智であるものを人間の知恵だと想像する傾向がある」[20]（スミス『道徳感情論』）

「18・19世紀において，新しい国民経済の発展にとっても，その理論にとっても重要な出来事は，すべての地上的なものに背を向ける──宗教改革者も全体として受け入れた──禁欲的・キリスト教的道徳と，──マンデヴィルが富と国家の力の原因とみなした──人間の情念や悪徳の唯物主義的賛美とのあいだの選択を人間はもはやできなくなった，という事実であった」[21]（シュモラー『国民経済，国民経済学および方法』）

　（神の）見えざる手という表現は，1円でももうけたい，贅沢したいという世俗の情念と，プロテスタントも受け入れられる神性とが時代の要請で渾然一体溶け合った名残りではないでしょうか[22]。

18）田村訳（2002, p.47）から引用。
19）田村訳（2002, p.234）から引用。A.C.H.C.トクヴィルは「諸国民の生に起こった種々の偶発事は，どこでもデモクラシーの益に帰した。すべての人がこれに尽力した」。「すべての人がひとまとめに一つの途に押しやられ，ある者はその意に反し，他の者は知らぬ間に，神の御手の中にある盲目の道具として力を合わせて働いた」（松本訳, 2011, p.14）と記している。
20）村井・北川訳（2020, pp.224-225）から引用。小畑（2013, p.13）も参照。
21）田村訳（2002, p.47）から引用。
22）善にも悪にもなりうる商人の見える手はJ.ボダン的で，神の見えざる手はJ.カルヴァン的だとも解釈される。見える手は市場関係者，政治家，官僚，経済学者の匙加減で暴政になる危うさを，神の見えざる手は独善的になる危うさを孕む。また，別の視点からは，法の究極の正統性を神に求めたBlackstoneと功利性に求めたJ.ベンサムとの違いにもみえる（小畑, 2013, pp.51-57, pp.70-72）。丸山（2009）第4章も参照。

(ダイアローグ) 誰の手なのか

受講生「神の見えざる手，なんかよくわからないんですが」
私「次のように３段階にまとめると見通しがよくなるかもしれません。
　　1　市場の神が価格を与える
　　2　市場の神が消費者に便益とお金，生産者に生産技術と原材料を与える
　　3　市場の神が消費者と生産者を市場に集わせ，あらかじめ与えておいた神聖な価格で売買させる」[23]

「神，神，神って，別に神様信じてないんですけど。自分の好みも企業の技術もなんでもかんでも神が決めるなら，自由論ではなく運命論，決定論じゃないですか」

「確かに，哲学者のヴォルテール[24] も経済学者のケインズ[25] も『すべては神の思し召しなのだから悪いことは何もない』という弁神論・最善説を批判しています。ただ，……」

「ただ，なんですか？」

「人の汚れた手より，神の見えざる手のほうがよいのかもしれません」

「経済学って，人をほめてるのかけなしてるのか，わからないなぁ」

「そうですね……」[26]

---

23) Hicks（1956, pp.36-46）は電気のように多様な用途を持つ財をGeneralized Commodity, Composite Commodityと表現している。これらの財は現代ではAmazonギフトカードに相当するかもしれない。価値尺度財をニューメレール（Numeraire）という。ニューメレールの原型は野田他訳（2014, pp.307-308）にみられる。Hicks（1956, p.11）も参照。生産者は合成財を原料としてモノを作り，消費者は合成財を生産者に渡すことで欲しいモノを手に入れる。佐々木（2019, p.32）も参照。

24) 1755年のリスボン大震災を目の当たりにしたヴォルテールは，『リスボンの災厄についての詩』という追悼詩を書いた。自然の残酷さを前に「神も仏もない」とするヴォルテールを論駁すべくJ. J. ルソーが展開したのが弁神論・最善説である。血も涙もないルソーの物言いに憤慨したヴォルテールはルソーとの交流を絶ったとされる。植田訳（2013）第五章と第六章，渡名喜（2013）を参照。

25) Keynes（1936）第１篇第３章第Ⅲ節を参照。

26) 安井・熊谷訳（2006, p.111）に「与えられた選好階梯表と与えられた商品手持量とをもつ個人が，（彼の手放す商品と彼の獲得する商品との）双方の組の価格が所与であるときに，手持の商品を他の商品といかに交換しようとするかを究めた」とある。このダイアローグは，佐々木（2019）第４章補論，前田訳（2016）第１巻第12章の第７項，津田訳（2016），八木他訳（2015）第５章第２節と第3節，八木他訳（1991）第６章第１節，久武訳（2015）第８章と第９章，Hurwicz（1972），Debreu and Scarf（1972），Rothschild（1994），梅津（1999），長名（2011），林（2013），竹本（2005, pp.110-116）を参考に作成した。人の汚れた手の「人」には，いうまでもなく経済学者も含まれる。

参考文献

・梅津順一『アダム・スミスとスコットランド教会』聖学院大学論叢，11，2，33-48，1999年。

・長名寛明『資源配分機構の設計と外部性』勁草書房，2010年。

・長名寛明『ミクロ経済分析の基礎』知泉書館，2011年。

・小畑俊太郎『ベンサムとイングランド国制 ─国家・教会・世論─』慶應義塾大学出版会，2013年。

・佐々木浩二『ミクロ経済分析 ─はじめて学ぶ人へ─』創成社，2019年。

・竹本洋『『国富論』を読む ─ヴィジョンと現実─』名古屋大学出版会，2005年。

・渡名喜庸哲『ヴォルテール『リスボンの災厄についての詩』をめぐって』CHSSL EXPOSITION SERIES
　　　NUMBER 05（東洋大学国際哲学研究センター），2013年。

・林貴志『ミクロ経済学』増補版，ミネルヴァ書房，2013年。

・福岡正夫「マーシャルの「供給曲線」」，丸山徹編『経済学のエピメーテウス ─高橋誠一郎の世界をのぞんで
　　　─』知泉書館，2010年，pp.187-211。

・丸山徹『ワルラスの肖像』勁草書房，2009年。

・Bentham, Jeremy著，中山元訳『道徳および立法の諸原理序説』上，筑摩書房，2022年。

・Böhm-Bawerk, Eugen von著，塘茂樹訳『国民経済学 ─ベーム・バヴェルク初期講義録─』嵯峨野書院，
　　　1994年。

・Galiani, Ferdinando著，黒須純一郎訳『貨幣論』近代社会思想コレクション21，京都大学学術出版会，2017
　　　年。

・Hicks, John Richard著，安井琢磨・熊谷尚夫訳『価値と資本 ─経済理論の若干の基本原理に関する研究─』
　　　上，岩波書店，2006年。

・Hobbes, Thomas著，高野清弘訳『法の原理 ─自然法と政治的な法の原理─』行路社，2017年。

・Hume, David著，小松茂夫訳『市民の国について』下，岩波書店，2020年。

・Locke, John著，加藤節訳『キリスト教の合理性』岩波書店，2019年。

・Marshall, Alfred著，永澤越郎訳『経済学原理』第1分冊，岩波ブックサービスセンター，1997年 (a)。

・Marshall, Alfred著，永澤越郎訳『経済学原理』第2分冊，岩波ブックサービスセンター，1997年 (b)。

・Marshall, Alfred著，永澤越郎訳『経済学原理』第3分冊，岩波ブックサービスセンター，1997年 (c)。

・Menger, Carl著，八木紀一郎・中村友太郎・中島芳郎訳『一般理論経済学』1，遺稿による『経済学原理』
　　　第2版，みすず書房，2015年。

・Menger, Carl著，八木紀一郎・中村友太郎・中島芳郎訳『一般理論経済学』2，遺稿による『経済学原理』
　　　第2版，みすず書房，1991年。

・Montesquieu, Charles-Louis de Secondat, Baron de la Brède et de著，野田良之・稲本洋之助・上原行雄・田
　　　中治男・三辺博之・横田地弘訳『法の精神』中，岩波書店，2014年。

・Pufendorf, Samuel von著，前田俊文訳『自然法にもとづく人間と市民の義務』近代社会思想コレクション18，
　　　京都大学学術出版会，2016年。

・Rousseau, Jean-Jacques著，前川貞次郎訳「ポーランド王，兼ロレーヌ公への，ジャン＝ジャック・ルソーの
　　　回答」，『学問芸術論』岩波書店，2019年，pp.63-104。

・Schmoller, Gustav von著，田村信一訳『国民経済，国民経済学および方法』近代経済学古典選集【第2期】
　　　2，日本経済評論社，2002年。

・Smith, Adam著，山岡洋一訳『国富論 国の豊かさの本質と原因についての研究』上，日本経済新聞出版社，
　　　2009年。

・Smith, Adam著，山岡洋一訳『国富論 国の豊かさの本質と原因についての研究』下，日本経済新聞出版社，
　　　2010年。

・Smith, Adam著，村井章子・北川知子訳『道徳感情論』日経BP，2020年。

・Smith, Adam著，アダム・スミスの会監修，水田洋・篠原久・只腰親和・前田俊文訳『アダム・スミス法学講義 1762〜1763』名古屋大学出版会，2015年。

・Steuart, James著，小林昇監訳『経済の原理 —第 1・第 2 編—』名古屋大学出版会，1998年。

・Steuart, James著，小林昇監訳『経済の原理 —第 3・第 4・第 5 編—』名古屋大学出版会，2022年。

・Tocqueville, Alexis-Charles-Henri Clérel, comte de著，松本礼二訳『アメリカのデモクラシー』岩波書店，2011年。

・Turgot, Anne-Robert-Jacques著，津田内匠訳『チュルゴ 経済学著作集』岩波書店，2016年。

・Voltaire著，植田祐次訳「カンディード」『カンディード 他五篇』岩波書店，2013年。

・Walras, Marie Esprit Léon著，久武雅夫訳『純粋経済学要論』岩波書店，2015年。

・Debreu, Gerard, and Herbert Scarf, 1972, The Limit of the Core of an Economy, in McGuire, C.B., and Roy Radner, ed., Decision and Organization, A Volume in Honor of Jacob Marschak, North Holland, Amsterdam, Chapter 13.

・Hicks, John Richard, 1934, Léon Walras, Econometrica, 2, 4, 338-348.

・Hicks, John Richard, 1956, A Revision of Demand Theory, Oxford University Press.

・Hurwicz, Leonid, 1972, On Informationally Decentralized Systems, in McGuire, C.B., and Roy Radner, ed., Decision and Organization, A Volume in Honor of Jacob Marschak, North Holland, Amsterdam, Chapter 14.

・Keynes, John Maynard, 1936, The General Theory of Employment, Interest and Money, in Robinson, Austin, and Donald Moggridge ed., 2013, the Collected Writings of John Maynard Keynes, Ⅶ, Cambridge University Press.

・Roberts, Donald John, and Andrew Postlewaite, 1976, The Incentives for Price-Taking Behavior in Large Exchange Economies, Econometrica, 44, 1, 115-127.

・Rothschild, Emma, 1994, Adam Smith and the Invisible Hand, American Economic Review, 84, 2, 319-322.

・Stigler, George Joseph, 1957, Perfect Competition, Historically Contemplated, Journal of Political Economy, 65, 1, 1-17.

─── 第 5 章 ───

不 完 全 競 争

　図表5－1は図表4－1を再び掲げたものです。前章で学んだ完全競争市場は6つの条件すべてが成り立つ市場です。これに対して条件3，4，5の波線を引いた部分が成り立たない市場を不完全競争市場といいます。本章では不完全競争市場を分析します[1]。

　　1　同一とみなせるモノを売買する市場である
　　2　売買にかかる費用はゼロである
　　3　限界的消費者と限界的生産者が無数にいる
　　4　1人の消費者，1人の生産者の行動は価格に影響しない
　　5　生産者が市場に参入したり退出したりする費用はゼロである
　　6　売買の当事者は意思決定に必要なことすべてを知っている

図表5－1　完全競争の条件

❶ 独　　占

　独占とは，多くの消費者と1人の生産者が集う不完全競争市場です。多くの消費者にたった1人でモノを供給する独占市場の生産者は大きな企業であるはずです。それで，独占市場の生産者を独占企業といいます[2]。

　独占企業には競合他社がいませんので，自らのもうけが最大となる供給と価格のペアを需要曲線上から選びます。図表5－2は独占企業が需要曲線上の点を選ぶことを説明するためのものです。独占企業が供給量 Q^M を選ぶとき，それに対する最適な価格はいくらになるでしょうか。独占企業は P^b を選びません。値上げすればもうけが増えるからです。

1）　前章までは調和した神の領域，本章からはドロドロした人間の領域である。
2）　中山訳（2004）第5章，八木他訳（1991，pp.320-335），永澤訳（1997，pp.218-244）を参照。大津訳（2021，p.152）に「独占は唯一の売り手を意味するギリシア語に由来する」とあり，付された注(3)にギリシア語の読み「モノポーレオーン」が示されている。

独占企業は $P^\#$ も選びません。この価格では，限界的な消費者の便益が価格を下回り，Q^M の一部，$Q^\#$ しか売れないからです。需要曲線は「ここまでなら買います」という消費者の気持ちのフロンティアを表しますので，独占企業が選ぶべき供給量と価格のペアは需要曲線上の点になります。供給量が Q^M なら，独占企業はそれに対応する価格 P^M を選びます。独占企業は，需要曲線の制約をうけながらも自らの意思で価格を選ぶプライスメーカーです。

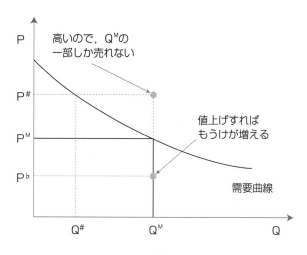

図表5−2　プライスメーカー（独占企業）

独占企業が選ぶ需要曲線上の点について，式を用いて説明を加えます。まず，計算しやすくするために，需要曲線を $P = a - bQ$ という式で表します。図表5−3はこの式をグラフにしたものです。グラフの切片は a，傾きは $-b$ です。

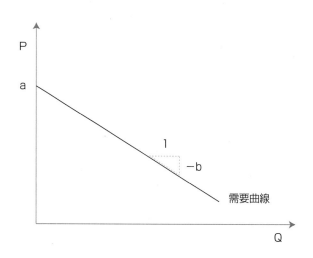

図表5−3　線形の需要関数

　独占企業のもうけは売上と費用の差です。売上は価格 P と数量 Q の積です。供給を1単位増やすのにかかる追加の費用（限界費用）は c で一定とします[3]。すると

$$もうけ＝売上 － 費用＝PQ－cQ$$

　独占企業は需要曲線上の数量と価格を選びますので，P に需要曲線の式を代入します。

$$PQ－cQ ＝ (a－bQ)\,Q－cQ ＝ －bQ^2＋aQ－cQ$$

　独占企業のもうけを表すこの2次関数は，図表5－4のような形をしています。点 s では，供給を増やすともうけが増えます。点 t では，供給を減らすともうけが増えます。もうけが最大になるのは供給量が Q^M のときです。

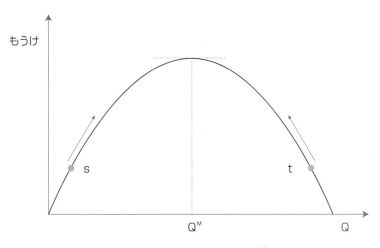

図表5－4　独占企業のもうけ[4]

　Q^Mは，2次関数の最大値問題を解くことで得られます。上の式を $f(Q)$ とおくと

$$f(Q) ＝ －bQ^2 ＋ aQ － cQ$$

3）限界費用は供給をわずかに増やすときにかかる追加の費用である。中山訳（2004, p.47）に「われわれの研究の道程においては直接に $\varphi(D)$ を考察する機会はまれであって単にその微係数 $\frac{d[\varphi(D)]}{dD}$ を考察する場合が多い」とある。限界費用が一定というのは強い仮定だが，中山訳（2004, p.48）でも用いられている。

4）楠井・東訳（1940, p.36）に「微分學に於ける極大と極小との問題の性質を帶びてゐるやうである。そこでは常に特定の効果が最大である點があり，しかもこの點のいづれの側においてもその効果は漸次的に減少して行くのである」とある。

　図表5－4から，もうけが最大になるとき，接線の傾きは0になることがわかります。これをふまえ，$f(Q)$ を Q について1階微分して，値を0とおき，Q について解くと

$$f'(Q) = -2bQ + a - c$$

$$-2bQ + a - c = 0$$

$$Q^M = \frac{a-c}{2b}$$

Q^M を価格の式 $P = a - bQ$ に代入すると

$$P^M = a - b\left(\frac{a-c}{2b}\right) = \frac{a+c}{2}$$

　独占企業のもうけは供給量 Q^M，価格 P^M のとき最大になります。図表5－5は独占市場の総余剰を表しています。消費者余剰は三角形 aP^Me の面積によって表されます。独占市場の生産者は独占企業だけですので，独占企業のもうけが生産者余剰になります。独占企業は1つあたり費用 c で作り価格 P^M で売ります。供給量は Q^M です。よって，生産者余剰は四角形 $cdeP^M$ の面積によって表されます。

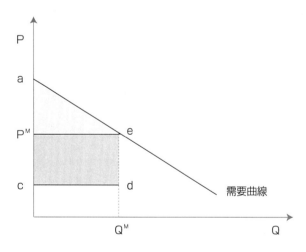

図表5－5　総余剰（独占）

　前章で，完全競争が総余剰を最大にすることを学びました。図表5－6は，完全競争の総余剰と独占の総余剰を比べたものです。完全競争市場には同じ技術を持つ企業が無数に参入しますので，均衡価格は c となり生産者余剰が消滅します。そのかわり，消費者余剰は増え，左図のように三角形 acf の面積になります。消費者余剰と生産者余剰の和である総余剰は，三角形 acf の面積になります。

　完全競争の総余剰と独占の総余剰の差は図表5－5と図表5－6の左図との差です。すなわち，図表5－6の右図が示すように，三角形 edf の面積です。この面積によって表される総余剰の喪失分を死荷重といいます。独占市場の総余剰は死荷重の分だけ小さくなります。

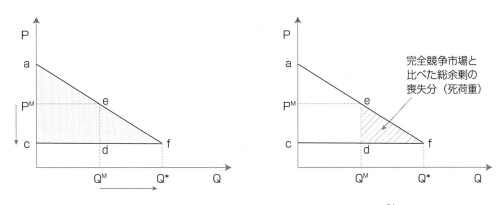

図表5－6　総余剰（完全競争市場）と死荷重（独占市場）[5]

　独占市場では，大きな死荷重が生じないように，さまざまな工夫がほどこされています。次ページの図表5－7は独占とみなせる市場の例です。東京と神奈川を結ぶ路線を運営している小田急電鉄は，年に5億8千万人もの人を運んでいます[6]。地域に欠かせない路線を1社で運営していますので，小田急は地域独占の企業とみることができます。鉄道を安全に，快適に，時刻表どおりに運行するには多額の費用がかかります。小田急は安全を確保するために単年度で222億円を投じています[7]。運賃はこうした費用をまかなえる水準にしなければなりませんが，高すぎても沿線住民が困ります。それで，鉄道運賃は国土交通省から認可された上限運賃におさまるようにしています[8]。

5）八木他訳（1991, p.327）に「価格が高くなればなるほど，そのために独占財の獲得から経済的に排除される人々または住民の諸階層の数は多くなる」とある。栗田訳（2001, pp.44-49），八木他訳（1991）第7章第3節a，塘訳（1994, pp.94-96）も参照。
6）日本民営鉄道協会（2022, p.2）の表から2021年度のデータを取得。
7）小田急電鉄（2022, p.10）から数値を取得。八木・本郷訳（2012）第9章も参照。
8）公共料金については，消費者庁，公共料金の窓（改訂版）を参照。

　ネット企業のGoogleはユーザーが20億人ともいわれます。無数の人にサービスを提供するために，Googleはサーバー（情報の格納・中継機器）を数百万台保有しているようです。新たなサービスを生み出すために多くの研究者やスタッフも抱えています。今からこのビジネスに参入しようとしても，平均費用の底まで降りているGoogleにたちうちできません。巨額の固定費という自然の参入障壁に守られているGoogleは，自然独占の企業とみることができます。ひとり勝ちのGoogleに対する風当たりは強くなってきています。2023年春には，ネット広告が独占状態にあるとして米国の司法省と複数の州に提訴されました[9]。

　米国のスタンダード石油は，19世紀後半にロックフェラー氏が作りあげた財閥です。1911年，規模があまりに大きかったために米国の独占禁止法に触れ，34の会社に分割されました。巨大な石油企業として知られるエクソンモービル，シェブロン，アモコなどはスタンダード石油が分割されてできた会社です[10]。

　このように，独占が大きな死荷重を生まないよう，さまざま工夫されています。

小田急電鉄　　　　　　　Google　　　　　スタンダード石油

図表5－7　独占の例[11]

─────────────────────

9）Reutersウェブ版，2023年4月18日「米グーグル独禁法訴訟に9州が参加，広告事業巡り」を参照。ごく少数のエンジニアが検索結果を「アレンジ」できる現状は非民主的だとの批判が強い。Googleが形成する市場は古典的独占とは異なる，両面性市場といわれる特殊な類型である。中山訳（2004, pp.44-48）は限界費用が0である独占も分析している。

10）東京商品取引所（2017）を参照。伊藤（2004），Lamoreaux（2019），Shapiro（2019）も参照。掛川訳（2018a, pp.160-162），掛川訳（2018b, pp.136-139）にトラストに対する見方がある。

11）小林監訳（1998, p.456）に「仕事が需要に比例しているときは，均衡は両面的競争のもとで振動し，交易も勤労も活況を呈する。しかし，自然な原因の作用によってこの釣り合いが破綻せざるをえない場合には，それを維持するために為政者の手が常に必要となる」とある。また，本田訳（2021, pp.129-130）に「仮に誰かが敬虔な心に動かされて，穀物の最も不足しているときにそれを比較的安い値段で売ったとすると，不足がひどくなったら自分の穀物をもっと高値で売ろうとしていた人々の悪しき非情さが妨げられるであろうから，という理由もある。そのような仕方で他の人々の収入が減らされるというのは本当であって，そのことは否定しないが，「しかしこの減少にはすべての人間の利益が伴っている。願わくは，世界中のあらゆる元首たちや僧主たちの収入もまた，そのようにして減らされんことを」とバスケスは言っている」とある。

❷ 寡　占

　独占と完全競争のあいだに位置する寡占という市場があります。独占と同じく，生産者はプライスメーカーとしてふるまいます。完全競争と異なり参入障壁は高いのですが，独占とも異なり，まったく参入できないということもありません。少数の大企業が，消費者と競合他社を気にしながら，プライスメーカーとしてふるまう市場が寡占です。

　ここでは，企業1と企業2という2社が生産者としてふるまう市場について考えます。消費者の需要曲線は，独占のときと同じ $P = a - bQ$ とします。市場全体の供給量は企業1の供給量 q_1 と企業2の供給量 q_2 の合計，すなわち $Q = q_1 + q_2$ です。2社ともに供給量を1単位増やすのにかかる費用は c で一定とします。本章の補論のように計算すると，2社の供給量と価格は次のようになります。

$$q_1^D = q_2^D = \frac{a-c}{3b} \qquad P^D = \frac{1}{3}a + \frac{2}{3}c$$

　図表5−8は，独占と寡占の生産者余剰を表しています。独占と比べて，寡占の供給量は多く価格は低いことから，生産者余剰が横長になっています。

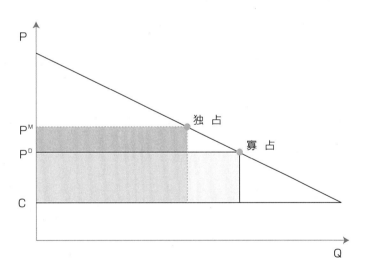

図表5−8　独占と寡占の生産者余剰

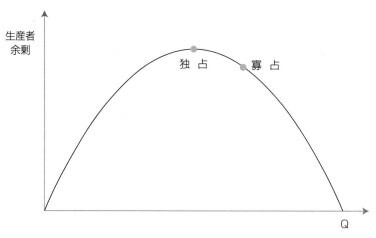

　図表5－9は独占と寡占の生産者余剰を比べたものです。寡占より独占の生産者余剰のほうが大きいことがわかります。これは，寡占市場の企業1と企業2が秘密裡にカルテルを結んで独占企業のようにふるまえば，2社ともにもうけが増えることを意味します。寡占企業がカルテルの誘惑に負けてしまいがちなのは故なきことではありません[12]。

図表5－9　カルテルの誘惑[13]

　図表5－10は寡占とみなせる市場の例です。携帯キャリアはNTTドコモ，au，Softbankの3社が市場シェアの9割を占める典型的な寡占市場です。「3社の料金はあまりに似ている」「カルテルではないか」という声が以前からありました。この批判にこた

12) 小林監訳（1998, p.103）に「ほんのわずかな独占があっただけでも市場が急激に騰貴したり，またわずかばかりの量が輸入されると突然それが下落するといったことが見られる」とあり，八木他訳（1991, p.334）に「十七世紀のオランダ東インド会社がモルッカ諸島の香辛料作物を一部引き抜かせた」ことは，「独占者的な観点から考察するならば，すべて，問題の独占商品の出荷量を，独占者や彼らの同業組合（コルポラチオン）の利害関心にしたがって統制しようとする正しい手段だったのである」とある。澤田訳（2021, p.77）には「羊の数が非常に増加してもその価格の減少は皆無です。というのも，羊を売っている人はただひとりではないので（販売）独占（モノポリウム）とは呼べないにしても，寡占（オリゴポリウム）があることはたしかだからです。つまり羊はほとんどみな，売りたくなるまでは売る必要もなく，また自分の望む価格になるまでは売ろうとしない少数の金持の手中に入ってしまったのです」とある。
　　小林監訳（1998, p.483），大津訳（2021, pp.139-144），MacGregor（1927），公正取引委員会事務総局（2022）も参照。興味深い論点についてはStiglitz（1981）を参照。
13) 中山訳（2004, p.66）に「われわれは各自独立にという。この制限はやがて見られるごとくきわめて重要なものである。けだしもしそれらがそれぞれ最大可能所得を獲得するために妥協するときは，その結果はまったく異なるべく，また消費者の関する限りにおいては独占の研究において得られた結果と異ならないからである」とある。中山訳（2004, pp.69-70）はカルテルの不安定性と複占繰り返しゲームに言及している。

えて，低価格で携帯サービスを提供するMVNOという事業者が新規参入できるようになりました。2018年春には，楽天モバイルが第4のキャリアとして名乗りを上げました。重層的な競争環境を構築することで，カルテルの誘惑に打ち勝とうとしています[14]。

　缶ジュース用の缶の製造も，大手が高いシェアを占める寡占市場です。日本製缶協会の資料によれば，飲料用缶の製造はピークと比べて6分の1ほどに減っています[15]。厳しい環境下で生き残りを模索する大手4社は，2018年2月にカルテルの容疑で公正取引委員会の立入検査を受けました。

　建設も大手が高いシェアを持つ寡占市場です。夢の乗り物であるリニア新幹線の路線建設は，ゼネコンとよばれる大手が受注しました。2017年末から2018年にかけてゼネコン4社の担当者が価格カルテルの疑いで起訴されました。巨大プロジェクトは事業規模がいつのまにか事前の見通しを大きく上回ることがあります。そのようなことが起きないよう，公正取引委員会は目を光らせています[16]。

携帯キャリア　　　　　　　製　缶　　　　　　　ゼネコン

図表 5−10　寡占の例

　経済学のテキストは企業のもうけが不当に大きいことを強調しがちですが，製缶メーカーの例からは，生き残りをかけてやむにやまれず，という事情も見え隠れします。どこでバランスを取るべきか，公正取引委員会には難しい判断が求められます[17]。

---

14)　総務省，携帯電話の料金その他の提供条件に関するタスクフォース（2015）を参照。
15)　日本製缶協会ウェブサイト，協会について，統計資料から概数を取得。
16)　小林監訳（1998, pp.435-436）を参照。
17)　宮澤・後藤・藤垣訳（2020）第3章を参照。小林監訳（1998, p.303）に「あらゆる職業の利潤は，それにたいする需要に比例しなければならないという原理」がある。「組合が解放されることになれば，すべての職人が互いに相手を飢餓に追いやり，消費者も不十分にしか供給を受けられなくなるという結果を招くだろう」とある。オーストリア学派のF. ヴィーザーは，判断の基準として「勢力」という興味深い概念を提出している（八木, 2022, pp.118-119）。オーストリア＝ハンガリー二重帝国における砂糖の生産割当にまつわるO. ベーム＝バヴェルクの施策については八木（2022, pp.81-84）を参照。バヴェルクは教条的フィスカリストであったとしても教条的市場主義者ではなかった。

補 論　数式を用いた寡占の分析

　寡占の分析は込み入りますのでここにまとめます[18]。企業 1 と企業 2 はともに需要曲線 $P = a - bQ$ 上の点を選びます。ただし，独占とは異なり，競合他社の動向も考慮に入れなければなりません。企業 1 のもうけは

$$f(q_1) = Pq_1 - cq_1$$
$$= (a - b(q_1 + q_2))q_1 - cq_1$$
$$= -bq_1^2 + (a - b\boldsymbol{q_2} - c)q_1$$

同様に，企業 2 のもうけは

$$f(q_2) = -bq_2^2 + (a - b\boldsymbol{q_1} - c)q_2$$

　各社の式に競合他社の供給量が登場することに注意しましょう。各社のもうけは，本文の図表 5 - 4 にみられるように，2 次関数の接線の傾きが 0 になるとき最大になります。よって，企業 1 の最適供給量は

$$f'(q_1) = -2bq_1 + (a - bq_2 - c) = 0$$

$$q_1 = \frac{a - bq_2 - c}{2b}$$

同様に，企業 2 の最適供給量は

$$q_2 = \frac{a - bq_1 - c}{2b}$$

q_2 を q_1 に代入すると

18）クールノー・ナッシュ複占（中山訳, 2004, 第 7 章）を分析する。2 社ともすでに生産設備を保有しており，その稼働率だけが問題となる状況を想定する。

$$q_1 = \frac{a - b\left(\dfrac{a - bq_1 - c}{2b}\right) - c}{2b}$$

$$4bq_1 = a + bq_1 - c$$

$$q_1^D = \frac{a - c}{3b}$$

同様に，企業 2 の最適供給量は

$$q_2^D = \frac{a - c}{3b}$$

このとき価格は

$$P = a - b(q_1 + q_2)$$

$$P = a - b\left(\frac{a - c}{3b} + \frac{a - c}{3b}\right)$$

$$P^D = \frac{1}{3}a + \frac{2}{3}c$$

2 社は同一の価格に直面し，同量を供給します。このとき，生産者余剰は

$$\text{生産者余剰} = P^D(q_1^D + q_2^D) - c(q_1^D + q_2^D)$$

$$= \left(\frac{1}{3}a + \frac{2}{3}c\right)\left(\frac{a - c}{3b} + \frac{a - c}{3b}\right) - c\left(\frac{a - c}{3b} + \frac{a - c}{3b}\right) = \frac{2}{9}(a - c)^2$$

　クールノー複占の生産者余剰 $\frac{2}{9}(a-c)^2$ は，独占市場の生産者余剰 $\frac{1}{4}(a-c)^2$ より小さいです。クールノー複占では，競合他社が何をするか事前にわかりませんので，非協力ゲームの均衡があらわれます。もし，事前に 2 社が秘密裡に話し合いカルテルを結ぶことができれば，囚人のジレンマから脱し，独占市場の生産者余剰を分け合う協力ゲームの均衡があらわれます[19]。

---

19) この点については第 8 章で詳述する。福岡（2007, pp.3-31）も参照。

ダイアローグ　固定費の取り扱い

受講生「図表5−5にある水平の限界費用がよくわかりません」

私「少し込み入った説明になりますがいいですか？」

「はい」

「実は，水平の限界費用は，追加生産するときに新たにかかる費用だけを表しています。参入するとき投ずる設備費用などは考慮していません」

「えっ，大企業はどこも巨額の設備投資をしていますよ。もうかるかどうかは固定費との兼ね合い次第ですよね？」

「そのとおりです。ただ，残念なことに，限界費用には固定費用が反映されません」

「そんなグラフで独占や寡占を分析できるんですか？」

「本文で示したグラフでは，すでに設備を所有している大企業が，その設備をどれほど稼働すべきかという問題しか扱えないです。巨額の設備投資を要する市場に企業が参入すべきか否かという問題は，難しいモデルを使わないと分析できません」

「設備費用を考慮していないのに参入障壁の話をするのはおかしくないですか？」

「確かにおかしいです。ただ，参入費用を含めたモデルは難しすぎますので……」

「寡占の分析と言いながら，設備費用を取り扱えないのでは看板に偽りあり，ですよ」

「申し訳ないです……」[20]

---

20) M.E.L. ワルラスは，分析のために「企業における不変費用と可変費用との区別を無視する」（久武訳, 2015, p.230）トリックを用いている。これは，彼が土地の共有を持論としていたことによるのかもしれない。近現代の経済学は，商人の経済（交換経済）に生産を後付けしたものであることから，生産の記述が拙い。ミクロ経済学の難点は，資本主義社会を分析対象としながら，資本と貨幣があたかも存在しないかのように記述する点である。小松訳（2020）の「貨幣について」は少し前進してニュー・ケインジアン流のSticky Prices and Wagesを論じている。

　ハンドメイド品販売サイトcreemaやminneのように，完全競争市場には零細生産者がゼロコストで参入しうる。ミクロ経済学は完全競争市場を理想とするが，現実社会で私たちが購入する商品の多くを供給しているのは，零細なクラフト作家ではなく巨額の設備費用に呻吟する大企業である。ミクロ経済学の理論と現実には大きな隔たりがある。また，奇妙なことに，公共財の分野では公的設備の設置について分析する（第6章参照）。私的財の生産設備を問題にせず，公的設備を問題にするのは矛盾にみえる。

　不完全競争市場は，参入にかかる費用が高すぎるために共存可能な企業数が少ないことを特徴とする。この点についてはZhao（2009）を参照。たとえば，電力事業は，多額の投資を必要とするその特性上，生存可能な最大企業数が少ない。このような産業で新規参入を促すと過当競争が起きて共倒れのリスクが高まる。

参考文献

・伊藤孝『ニュージャージー・スタンダード石油会社の史的研究 ―1920年代初頭から60年代末まで』北海道大学図書刊行会，2004年。

・小田急電鉄『安全報告書2022』2022年。

・公正取引委員会事務総局『公正取引委員会の最近の活動状況』2022年。

・総務省,携帯電話の料金その他の提供条件に関するタスクフォース『「携帯電話の料金その他の提供条件」に関する論点』第 4 回，配布資料 3 ，2015年。

・東京商品取引所『石油取引の基礎知識』2017年。

・日本民営鉄道協会『大手民鉄鉄道事業データブック2022 大手民鉄の素顔』日本民営鉄道協会，2022年。

・福岡正夫『均衡分析の諸相』岩波書店，2007年。

・八木紀一郎『オーストリア経済思想史研究 ― 中欧帝国と経済学者―』名古屋大学出版会，2022年。

・Böhm-Bawerk, Eugen von著，塘茂樹訳『国民経済学 ―ボェーム・バヴェルク初期講義録―』嵯峨野書院，1994年。

・Coase, Ronald Howard著，宮澤健一・後藤晃・藤垣芳文訳『企業・市場・法』筑摩書房，2020年。

・Cournot, Antoine Augustin著，中山伊知郎訳『富の理論の数学的原理に関する研究』近代経済学古典選集 2 ，日本経済評論社，2004年。

・Dupuit, Arsène Jules Étienne Juvenel著，栗田啓子訳『公共事業と経済学』近代経済学古典選集【第 2 期】，1 ，日本経済評論社，2001年。

・Grotius, Hugo／John Selden著，本田裕志訳『海洋自由論／海洋閉鎖論1』近代社会思想コレクション 31，京都大学学術出版会，2021年。

・Hume, David著，小松茂夫訳『市民の国について』下，岩波書店，2020年。

・Lippmann, Walter著，掛川トミ子訳『世論』上，岩波書店，2018 (a)年。

・Lippmann, Walter著，掛川トミ子訳『世論』下，岩波書店，2018 (b)年。

・Malthus, Thomas Robert著，楠井隆三・東嘉生訳『穀物條例論 ―地代論―』岩波書店，1940年。

・Marshall, Alfred著，永澤越郎訳『経済学原理』第 3 分冊，岩波ブックサービスセンター，1997年。

・Menger, Carl著，八木紀一郎・中村友太郎・中島芳郎訳『一般理論経済学』2 ，遺稿による『経済学原理』第2版，みすず書房，1991年。

・More, Thomas著，澤田昭夫訳『改版 ユートピア』中央公論新社，2021年。

・Necker, Jacques著，大津真作訳者代表『穀物立法と穀物取引について』近代社会思想コレクション30，京都大学学術出版会，2021年。

・Pigou, Arthur Cecil著，八木紀一郎・本郷亮訳『ピグー 富と厚生』名古屋大学出版会，2012年。

・Steuart, James著，小林昇監訳『経済の原理 ―第 1 ・第 2 編―』名古屋大学出版会，1998年。

・Walras, Marie Esprit Léon著，久武雅夫訳『ワルラス 純粋経済学要論』岩波書店，2015年。

・Lamoreaux, Naomi Raboy, 2019, The Problem of Bigness: From Standard Oil to Google, Journal of Economic Perspectives, 33, 3, 94-117.

・MacGregor, David Hutchison, 1927, Recent Papers on Cartels, Economic Journal, 37, 146, 247-254.

・Shapiro, Carl, 2019, Protecting Competition in the American Economy: Merger Control, Tech Titans, Labor Markets, Journal of Economic Perspectives, 33, 3, 69-93.

・Stiglitz, Joseph Eugene, 1981, Potential Competition May Reduce Welfare, American Economic Review, 71, 2, 184-189.

・Zhao, Jingang, 2009, Necessary and Sufficient Conditions for the Optimal Number of Firms, Journal of Economics, 98, 3, 235-246.

第2部

市場と公共

・・・・・・・・・・・・・・・・・・・・・・・・・・・・・・・・・・・

「人間本性にはとくに二つの欠陥があり，その欠陥は，自権者でありかつ相互に従属していない多くの人々が，何らかの共通の目標のために長い間一致することを妨げている。一つは，目的に何が最も有用であるかの判断に関する好みと見解の相違である」。「もう一つの［欠陥］は，しりごみする人々を，いやおうなしに義務を果たすように強制する何らかの必要性がない場合に，自ら進んで有益なことをすることへの無気力と嫌悪である」
（Pufendorf, Samuel von著, 前田俊文訳『自然法にもとづく人間と市民の義務』京都大学学術出版会, 2016年, p.201）

「人がある物を除去せんがためにしばしば労働しまたは他の労働者に貨幣を支払うということは疑問の余地がないが，彼らはこのような物が有害でなければ，換言すれば効用と反対な性質すなわち反効用（disutility）を有するのでなければ，このような挙には出ないであろう」（Jevons, William Stanley著, 小泉信三・寺尾琢磨・永田清訳, 寺尾琢磨改訳『経済学の理論』日本経済評論社, 1981年, pp.95-96）

為政者は「意のままに経済を樹立する主人でもなければ，また，その最高権力の行使にあたってすでに制定された経済の準則を思いのままにくつがえすような主人でもない。彼がこの世で最も専制的な君主であるにしてもである」（Steuart, James著, 小林昇監訳『経済の原理 ―第1・第2編―』名古屋大学出版会, 1998年, p.3）

———— 第 6 章 ————

有 料 の 公 共 財

　第1部では私的財だけがある経済について学びました。第2部では，公共財を含む経済について考えます。本章では有料の公共財を，第7章では無償の公共財をとりあげます。第8章では公共財を含む経済の再解釈を試みます。

❶ 私的財と公共財

　消費者を分ける価格があるモノを私的財といいます。図表6−1は，10万円のiPhoneを求める消費者の行列を表しています。列の先頭に並ぶAさんは10万円のiPhoneを手にいれると12万円の便益が得られます。便益が価格を上回りますのでiPhoneを買います。いうまでもなく，Aさんが買ったiPhoneはAさんだけが使います。同様に，B，C，D，Eさんが買うiPhoneも本人だけが使います。列の後方に並ぶZさんは便益が価格を下回りますのでiPhoneを買いません。買わないと決断したZさんはiPhoneを使えません。

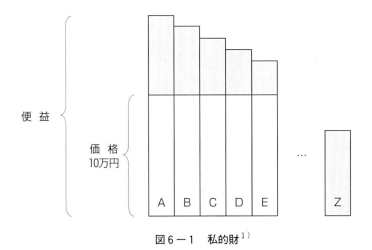

図6−1　私的財[1]

　私的財は買った人だけが使えるモノですが，社会を眺めると，多くの人が同時に利用するモノもあることに気づきます。これを公共財といいます[2]。たとえば，すべり台やブランコで子どもたちが遊ぶ公園は公共財です。地域の図書館，道路，街灯，堤防，治安，国家の外交，防衛も，みながそのサービスを享受する公共財です。本章では，公共財のうち設置費用をみなで負担するモノについて考えます。

❷ 公共財のニーズ

　私的財のニーズは消費者個人の便益によって表されます。はっきりしている自らの便益と価格を比べて，消費者各人が買うか買わないか決めます。これに対して公共財のニーズは，みなで共用するという特徴から，にわかに判然としません。みなのニーズをどのように集約すべきでしょうか。ここでは，市民公園を例に考えます[3]。

　市民各人は，公園の広さ，草木の種類，遊具の種類，ベンチの数，災害対応の設備の有無などについてさまざまな意見を持ちます。ある市民は設備が充実した公園を望むでしょうし，他の市民は必要最低限の簡素な公園を望むでしょう。こうした多様な声を集約するにはどうすればよいのでしょうか。

1）本田訳（2011, p.274）に「ものがあなたのものであるというのは，次のような意味においてだと考えられなければ，法には何の効力もない。それはすなわち，あなたがそれをいつ何時でも自分の意のままに安全確実に使用・享受できるということを，他のあらゆる人々は妨害しないよう禁じられている，という意味である。なぜなら，財産の所有のために必要なのは，ある人がそれを使用することができるということではなくて，その人だけがそれを使用することができるということであって，そうなるのは，他人が妨げとならないよう禁止することによってだからである」とある。伊藤・渡部訳（2016, p.393）には「全ての事物が本来共有のものであるなら，なんらかの売買の約束はありえない」とある。Head and Shoup（1969, p.568），Milleron（1972, p.421）も参照。

2）Samuelson（1954），Foley（1970, p.68），津田訳（2016, pp.22-23），永澤訳（1997, pp.76-86, p.200）を参照。本郷訳（2019, p.48）に「集合財（コレクティブ）」という語がある。本田訳（2021, pp.45-86, pp.295-313），栗田訳（2001），八木他訳（2015, p.77, p.93, p.115）も参照。栗田訳（2001）は土木技術者であったA.J.É.J.デュピュイによる先駆的な研究である。

　本田訳（2021, p.5）に「自然が人間の使用のために作り出した諸事物にも，自然が共有物のままにしておくことを欲したものと，勤勉と労働によって各人の所有物となることを欲したものとがあること，しかもこのどちらの事物についても諸々の掟が与えられていること，そしてそれは，共有物はたしかに誰が使用しても誰の損害にもならないが，しかしそのほかのものについては，各人が自分に与えられたものに満足して他人のものには手を出さないという，このことのためである」とある。本田訳（2021, p.24）も参照。

3）功利主義と公園の関係については杉尾（1994）を参照。また，Turner（2000），Livy and Klaiber（2016）も参照。

　図表6-2は，設備の充実度が高まるにしたがい，ある市民が追加で得る便益（限界便益）を表しています。敷地だけが確保された公園に芝生が敷かれ，インターロッキングの遊歩道が造られ，美しく紅葉する木々が植えられると（図の左から右へ進むと），この市民は追加で便益を得ます。限界便益は，階段状のブロックの高さによって表されます。

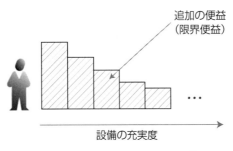

図表6-2　ある市民のニーズ[4]

　公園を利用するのはこの人だけではありません。この人が散歩をするまさにそのときに子どもたちが鬼ごっこをして遊ぶかもしれませんし，お年寄りがベンチに座って歓談するかもしれません。公園は，多くの人が同時に利用して便益を得られる施設です。

　図表6-3の左図は，同時に利用できるという公園の特徴をふまえて，全市民の限界便益を積み上げ集計したものです。右図は，左図を曲線で近似したものです。右下がりの曲線は全市民のニーズを表しています。

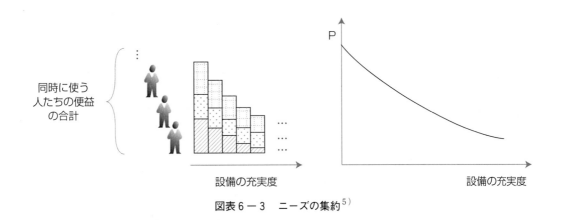

図表6-3　ニーズの集約[5]

4）限界便益が低下するのは，より高い充実度の公共財から追加の満足を得るために手放してもよいと思う私的財が少なくなることを意味する。この点第8章で再述する。

5）左図で住民の便益を積み上げられるのは準線形選好（Green and Laffont, 1977）の仮定による。これは他者への気遣いが皆無である選好の型である。Milleron（1972, p.424）は消費される公共財の量が利己的な場合と利他的な場合で変わらないことを理由にこの奇妙な型を正当化している。右図の曲線をMarginal Social Benefit（MSB）という。

③ 公共財の設置費用

　全市民のニーズが図表6－3の右図によって表されるとき，どれくらいの充実度の公園を作るべきでしょうか。図表6－4はそれを費用の面からみるものです。左図に示した細い短冊状の長方形は，公園の充実度をわずかに高めるときにかかる追加の費用（限界費用）を表しています。設備の充実度がわずかに高まるとき，市民が追加で得る満足はどれくらいでしょうか。右図に示すように，市民が追加で得る満足は，全市民のニーズと限界費用の差です。充実度が Q^* に達したとき，追加で得られる満足は消滅しますので，最適な設備の充実度は Q^* となります。

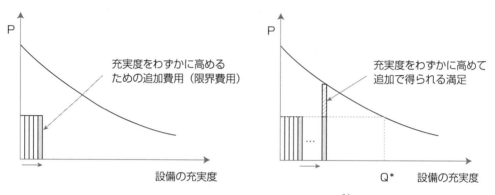

図表6－4　設備を充実させるための費用[6]

　公園の最適な充実度が Q^* であることを図表6－5で検証しましょう。充実度が Q^b であるとき，全市民のニーズは限界費用を超えています。市民はより充実した公園を望んでいますので「緑が少ない」「ベンチが少ない」「遊具が少ない」などの不満がでるかもしれません。設備の充実度が $Q^\#$ であるとき，全市民のニーズは限界費用に届きません。市民はより簡素な公園を望んでいますので「立派な公園はありがたいが費用負担が重くなる」という声が寄せられるかもしれません。市民のニーズにちょうどあっているのは，充実度 Q^* の公園です。

6）長名（2010, p.133）の脚注15は，Foley（1970），Milleron（1972）を参照してリンダール均衡の存在を一般的に証明するのは困難としている。ここではFoley（1970）にしたがい限界費用を一定とする。不完全競争市場の限界費用曲線と同じにみえるが，こちらは公園を設置するための初期費用を表している。公園の維持管理費は考慮外としている。

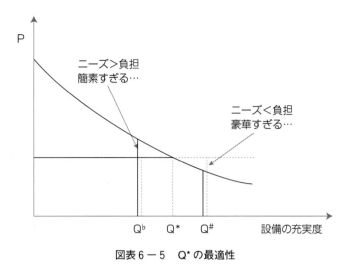

図表6−5　Q*の最適性

④ 公共財の費用負担

　ここまでで，公園の最適な充実度は Q^* であることがわかりました。この充実度の公園を設置する費用は図表6−6に示した長方形の領域の面積によって表されます。この費用は誰がどれだけ負担すべきでしょうか。

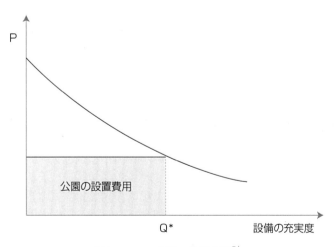

図表6−6　公園の設置費用[7]

7）Samuelson（1955, p.354）のChart 5を参考に作成。MSBが限界費用と等しいという公共財の供給条件をサミュエルソン条件という（Samuelson, 1954）。

　公園の設置費用すべてを住民税でまかなうとしましょう[8]。住民税には所得比例の部分がありますので，所得が高い人は多く，所得が低い人は少なく納めます。公園をよく利用する人で住民税を多く納める人，公園をあまり利用しない人で住民税を少なく納める人には納得感があるでしょう。公園をよく利用する人で住民税を少なく納める人にはお得感があるかもしれません。しかし，公園をあまり利用しないのに住民税を多く納める人は損した気分になります。

		費用負担	
		多　い	少ない
利　用	多　い	妥　当	得した気分
	少ない	損した気分	妥　当

図表6－7　ニーズと負担

　経済学は，このような感情のもつれをときほぐす方法を提案しています。非常にシンプルですが，市民にアンケートをとるなどして，「充実した公園が欲しい」という気持ちが強い人に費用を多く負担してもらうという方式です。提唱者にちなんで，これをリンダール方式といいます[9]。

　ただし，実際の行政プロセスにこの方式を使えるかは定かでありません。ニーズに応じた負担が求められるのであれば，「充実した公園が欲しい」と正直に答える市民は減ると予想されるからです。正直に打ち明けない人がでる可能性を排除できないことを経済学で「耐戦略性がない」といいます。合意形成の現場は，理論が想定するほど清らかでないことを理解しておくべきでしょう[10]。

8）千葉市ウェブサイト，身近な公園 中西町公園 仮称 ができるまでによると，この公園の整備費用は1,800万円であった。公園設置に係る積算基準の資料の厚さは20cmとのことである。

9）Benefit Taxationにはリンダール税（Lindahl, 1967；Johansen, 1963；Foley, 1970；Roberts, 1974），クラーク税（Vickrey, 1961；Clarke, 1971；Groves, 1973；Green and Laffont, 1977）等がある。税を「貢献」と読み替えるフランス革命期の状況については森山（2020, pp.100-102），松浦訳（2020, p.64）を参照。

10）Samuelson（1954, pp.388-389）を参照。Hurwicz（1973, p.23）はCheat, Pretendという語を用いている。長名（2011）第5章節5.3は，リンダール税は住民各人が自己申告で公共財を値付けするために脆弱だと指摘している。Groves and Ledyard（1977），川越（2021, p.85）の表2.2も参照。
　より根本的には「われわれは，自分が，たった今，何を望んでいるのか，それすら正確には分からない。だとすれば，いったいどうしたら，将来において自分が望むであろうことに責任が持てると言えるだろうか」（武藤訳, 2019, p.112）という，自らのニーズを正確に知りえないという問題がある。掛川訳（2018, pp.106-108），山岡訳（2009, p.273）も参照。

ダイアローグ　公 共 心

受講生「先日とある公共博物館が珍品を3億円で買ったと聞きました。あの3億円は誰が払うんですか？」

私「よくニュースを見ていますね。幸か不幸か住民が負担します」

「えっ，それみんな納得してるんですか？」

「さて，どうでしょう。あなたはどう思いますか？」

「全然納得できません。3億円もあれば他のことに使ったほうがいいですよ」[11]

「常識的に考えて，そういう意見の人が多いでしょうね」

「なんでああなるかなぁ」

「やはり，主権者である国民（地域住民）が行政をよく観ていないからでしょうね」

「私たちが原因ですか。信頼して任せているのに……」

「授業の終わりに，合意形成のプロセスは清らかではないと言いましたよね。あれは私たち住民が自らのニーズを正直に打ち明けない，ということだけでなく，行政が暴走しかねないことも含みます」

「ややこしい世の中だなぁ」

「あなたも主権者です。行政との付き合い方を考えてみてください」

　近年は価値観が多様化し「これは公的資金を投じても作るべきだ」という合意形成がしにくくなっています。公共財の基礎は公的資金で固め，意見が分かれるオプション部分は有志の拠出でまかなうなど，柔軟に考えるべき時代なのかもしれません[12]。2016年3月の熊本大地震で被災した熊本城は，クラウドファンディングで復興資金48.4億円を集めました。寄付をした有志には城主証や城主手形が贈られています[13]。

　政府への依存心が強くなりすぎると，公共心はなえます。学校や病院を建てて地域に貢献した昔の名望家や篤志家から学ぶことが多くありそうです[14]。

---

11) 筆者が担当した科目の受講生100名ほどの大半がこのような見解であった。

12) 経済産業省商務情報政策局総務課・情報プロジェクト室（2019）を参照。「本当に必要なら，その気持ちを拠出金で示してください」とすべき時代なのかもしれない。

13) 熊本城ウェブサイト，復興城主を参照。寄付件数は15万件ほどとのことである。

14) Coase（1974），松嶋（1985, p.36, pp.76-78）を参照。このままでは必要な公共財も供給されなくなる。他方，PPP，PFI等を市長や知事の「手柄」としたり「これが正しい」とゴリ押ししたりするのもトラブルの元である。公のことは一筋縄ではいかない。

参考文献

・長名寛明『資源配分機構の設計と外部性』勁草書房，2010年。
・長名寛明『ミクロ経済分析の基礎』知泉書館，2011年。
・川越敏司『基礎から学ぶマーケット・デザイン』有斐閣，2021年。
・経済産業省商務情報政策局総務課・情報プロジェクト室『21世紀の「公共」の設計図』2019年。
・杉尾邦江『ベンサム及び功利主義者がイギリスの公園成立に及ぼした影響とその貢献に関する考察』ランドス
　ケープ研究，58，5，45-48，1994年。
・松嶋敦茂『経済から社会へ ―パレートの生涯と思想―』みすず書房，1985年。
・森山軍治郎『ヴァンデ戦争 ―フランス革命を問い直す―』筑摩書房，2022年。
・Dupuit, Arséne Jules Étienne Juvenel著，栗田啓子訳『公共事業と経済学』近代経済学古典選集【第2期】，
　1，日本経済評論社，2001年。
・Filmer, Robert著，伊藤宏之・渡部秀和訳『フィルマー 著作集』近代社会思想コレクション19，京都大学学
　術出版会，2016年。
・Grotius, Hugo／John Selden著，本田裕志訳『海洋自由論／海洋閉鎖論1』近代社会思想コレクション 31，京
　都大学学術出版会，2021年。
・Hobbes, Thomas著，本田裕志訳『市民論』近代社会思想コレクション 01，京都大学学術出版会，2011年。
・Hunt, Lynn著，松浦義弘訳『フランス革命の政治文化』筑摩書房，2020年。
・Lippmann, Walter著，掛川トミ子訳『世論』上，岩波書店，2018年。
・Marshall, Alfred著，永澤越郎訳『経済学原理』第1分冊，岩波ブックサービスセンター，1997年。
・Menger, Carl著，八木紀一郎・中村友太郎・中島芳郎訳『一般理論経済学』1，遺稿による『経済学原理』
　第2版，みすず書房，2015年。
・Pigou, Arthur Cecil著，本郷亮訳『ピグー 財政学』名古屋大学出版会，2019年。
・Rochefoucauld, François VI, duc de La著，武藤剛史訳『箴言集』講談社，2019年。
・Smith, Adam著，山岡洋一訳『国富論 国の豊かさの本質と原因についての研究』上，日本経済新聞出版社，
　2009年。
・Turgot, Anne-Robert-Jacques著，津田内匠訳『チュルゴ 経済学著作集』岩波書店，2016年。
・Clarke, Edward H., 1971, Multipart Pricing of Public Goods, Public Choice, 11, 17-33.
・Coase, Ronald Harry, 1974, The Lighthouse in Economics, Journal of Law and Economics, 14, 357-376.
・Foley, Duncan K., 1970, Lindahl's Solution and the Core of an Economy with Public Goods, Econometrica,
　38, 1, 66-72.
・Green, Jerry, and Jean-Jacques Laffont, 1977, Characterization of Satisfactory Mechanisms for the Revelation
　of Preferences for Public Goods, Econometrica, 45, 2, 427-438.
・Groves, Theodore, 1973, Incentives in Teams, Econometrica, 41, 4, 617-631.
・Groves, Theodore, and John Ledyard, 1977, Optimal Allocation of Public Goods: A Solution to the "Free Rider"
　Problem, Econometrica, 45, 4, 783-809.
・Head, John G., and Carl S. Shoup, 1969, Public Goods, Private Goods, and Ambiguous Goods, Economic
　Journal, 79, 315, 567-572.
・Hurwicz, Leonid, 1973, The Design of Mechanisms for Resource Allocation, American Economic Reviw, 63,
　2, 1-30.
・Johansen, Leif, 1963, Some Notes on the Lindahl Theory of Determination of Public Expenditures,
　International Economic Review, 4, 3, 346-358.
・Lindahl, Erik, 1967, Just Taxation ―A Positive Solution（translated into English），in Musgrave, Richard

Abel, and Alan Turner Peacock eds., Classics in the Theory of Public Finance, Macmillan, pp.168-176.

・Livy, Mitchell R., and H. Allen Klaiber, 2016, Maintaining Public Goods: The Capitalized Value of Local Park Renovations, Land Economics, 92, 1, 96-116.

・Milleron, Jean-Claude, 1972, Theory of Value with Public Goods: A Survey Article, Journal of Economic Theory, 5, 3, 419-477.

・Roberts, D. J., 1974, The Lindahl Solution for Economies with Public Goods, Journal of Public Economics, 3, 1, 23-42.

・Samuelson, Paul Anthony, 1954, The Pure Theory of Public Expenditure, Review of Economics and Statistics, 36, 4, 387-389.

・Samuelson, Paul Anthony, 1955, Diagrammatic Exposition of a Theory of Public Expenditure, Review of Economics and Statistics, 37, 4, 350-356.

・Turner, Robert W., 2000, Managing Multiple Activities in a National Park, Land Economics, 76, 3, 474-485.

・Vickrey, William, 1961, Counterspeculation, Auctions, and Competitive Sealed Tenders, Journal of Finance, 16, 1, 8-37.

───── 第 7 章 ─────

無 償 の 公 共 財

　前章では費用をみなで負担して設置する公共財について考えました。本章では，社会が
無償で消費させられるタイプの公共財について考えます。

❶ 無償の公共財

　売買は当事者の外に影響を与えることがあります。たとえば，街にマンションが建設さ
れると，その建設，販売，購入のいずれにもかかわらない地域住民に影響がでます。近隣
の商店街はお客さんが増えてうれしいと思いますが，マンションの日陰になってしまう家
の人は迷惑と感じるはずです。地域住民は，賑わいや日陰というマンション建設の副産物
を，いわば「無償で」消費させられています。無償で消費させられる良いものを公共善，
無償で消費させられる悪いものを公共悪と呼ぶことにします[1]。

商店街の人   日陰になる家の人

お客さんが
増えそう！

迷惑…

図表 7 − 1　　無償の公共財[2]

---

1 ）Varian（1994）は有料の公共財と無償の公共財（外部性）を包摂する枠組みを補償メカニズ
　　ムと呼んでいる。小泉他訳（1981, pp.95-100），本郷訳（2019）の第Ⅱ編第8章，Hurwicz
　　（1969, p.513, p.521），Holtermann（1972），Milleron（1972）Table 1 も参照。
2 ）神奈川県川崎市の武蔵小杉駅周辺の事情を参考に作成。本書の初版では左のケースを経済的
　　外部性，右のケースを技術的外部性と表記していた。本版では宮澤・後藤・藤垣訳（2020,
　　p.50）の外部性という語を用いる必要はないという主張にしたがう。

❷　無償の公共善

　教育を例に無償の公共善について考えます。近年は，多くの人が高校や大学などに進学します。これらの機関で教育サービスを受ける本人は，新たな知識を得て活用できるようになるという便益を得ます。図表7－2の左図は，教育サービスの市場を表しています。売買の当事者だけをみれば最大の総余剰が実現しています。

　教育がもたらす良い影響は本人にとどまりません。教育を受けた人が日本語を身につければ，日本語での意思疎通がスムーズになります。数学，理科，社会などの基礎知識を身につければ，常識的な事柄を理解しているという前提で協力したり交渉したりできます。日本の歴史を辿ったり，旧所名跡に足を運んだりすることで，同じ文化を共有する国民としての一体感も生まれます。これらは教育が社会に与える良いインパクト，すなわち公共善です[3]。

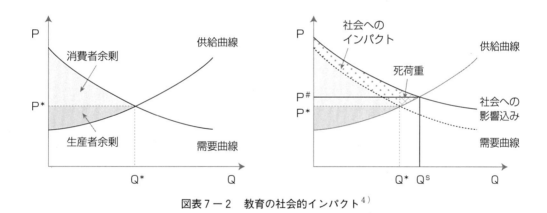

図表7－2　教育の社会的インパクト[4]

3）本田訳（2021, p.364）に「教える側の人々の技術は，教わった人々が利益として得たもののために減ったりはしなかった」とある。私たち日本人には教育の社会的インパクトを公共善と評するのはおおげさに思えるが，欧州滞在中にその有り難さを痛感した。欧米では，多文化・多宗教・多民族を乗り越えるために想像を超える苦労をしている。社会選択論の言葉を用いて表現すると，日本と比べて欧米は「環境」の定義域が広い（長名訳, 2013, pp. v-vi）。ルーマンは「複雑性の縮減」手段としての信頼に言及しているが，日本国における昨今の制度変更は長い歴史を経て醸成されてきた公共善を捨て，国民に「無規定の不安」（大庭・正村訳, 2018, p.1）と「際どい選択肢」（大庭・正村訳, 2018, p.40）を強いている。2022年秋に発覚したドイツ政府転覆企ての報は，ドイツ系住民の力が奪われゆくオーストリアに生まれたヒトラーのその後を想起せしめる。経済学における「言語」についてはHurwicz（1973, p.17）を，「信頼」については高野訳（2017, pp.72-73, pp.137-138）も参照。

4）説明の便宜のために，教育サービスの市場を完全競争とし，消費者の選好を準線形と仮定する（本郷訳, 2019, pp.66-67にこの仮定を置かない場合の説明がある）。これらの仮定は以下の事例にも適用する。安井・熊谷訳（2006）第4章から第6章も参照。

　図表 7 － 2 の右図は教育がもたらす公共善が社会にもたらす便益を描き加えたものです。社会が無償で手にする便益は，教育を受ける学生の便益を表す需要曲線の上に乗っています。この図表では Q^* 人の学生が授業料 P^* を払って教育を受けていますが，Q^s 人が教育を受ければ，社会的インパクトを加味した需要曲線と供給曲線が交わり，社会全体の余剰は最大になります。しかし，限界的消費者は授業料 $P^\#$ を高いと感じているため，学生数が Q^s に達していません。結果として，図の中ほどにある三角形様の領域の面積が示す死荷重が生じています。この死荷重は，教育がもたらす公共善を社会が無償で享受しているために生じています。

　公共財を無償で消費する人をフリーライダーといいます[5]。社会的な損失である死荷重を消すには，フリーライドしている社会に，教育がもたらす公共善の補償をしてもらわなければなりません。

　図表 7 － 3 の左図は，社会が助成金という名の補償をするようすを表しています。図表 7 － 2 の右図と比べて，助成金の分だけ供給曲線が下がっています。価格が P^* から P^s へ下がりますので，教育サービスの需要は Q^* から Q^s へ増えます。これにともない，右図に示すように，死荷重は消えます。経済学は「無償の公共善にフリーライドしている社会が補償すれば死荷重を消せる」と考えます。

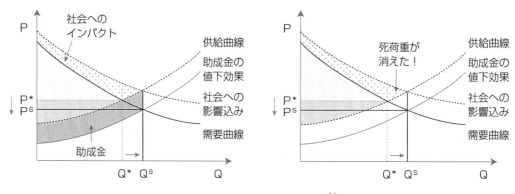

図表 7 － 3　助成金による補償[6]

5）フリーライダーには有料の公共財の負担比率をごまかす人，有料の公共財が完成した後に無料で利用する人，無償の公共財を消費させられる人という意味があるようである。初学者には最後者が理解しやすいと思われる。Baumol and Willig（1981, p.424）を参照。
6）私学学校振興助成法，文部科学省，私立学校の振興を参照。前田訳（2016, p.226）に「諸国家の国内の平穏のためには，市民の意思が国家の安全に役立つように指導され，方向づけられることが必要である。したがって，その目的に適した諸法を定めるばかりでなく，市民が処罰の恐怖よりもむしろ習慣によって諸法の規定に従うように公教育を確立することも主権者たちの義務であろう」とある。

❸　無償の公共悪

　売買は社会に悪い影響を与えることもあります。「余剰という社会的メリットを生み出すから，売買の副産物には目をつぶってよい」ということにはなりません。問題を放置すれば社会の反発を招き，経済活動ができなくなってしまいます[7]。経済学は，社会が無償で消費させられる公共悪と折り合いをつける方法をいくつか提案しています。ここでは課税と当事者どうしの話し合いを紹介します。

◇課　税

　たばこを例に，課税で折り合いをつける方法をみます。たばこは大航海時代に新大陸から持ち込まれ，欧州で大流行しました。17世紀はじめのイングランド国王ジェームズ1世はたばこを嫌いましたが，その息子チャールズ1世は巨額の税収をもたらすものとして黙認するようになりました[8]。図表7－4はたばこの市場を表しています。売買の当事者だけをみれば最大の総余剰が実現しています。

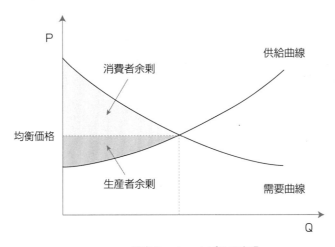

図表7－4　たばこの市場

7）中山訳（2022, p.63）に「共同体の善という観点からは，その共同体に何らかのかたちで害をもたらす行為でなければ，それを不法行為とみなすことを要求できない。それ以外の行為に対して刑罰を与えることは根拠のないものだからである」とある。本書の公共悪とは「準公的な不法行為」と「公的な不法行為」（中山訳, 2022, pp.64-66）のうち，刑法と行政の強制力をともなう民法のいずれの対象ともならないものと位置付けられようか。

8）当時の状況については塚田（2001），秋田（2018, pp.47-58）等を参照。

　喫煙者にとってたばこは確かに嗜好品ですが，たばこの煙（紫煙）が周りの人に与える影響も気になります。たばこが好きでない周りの人は，紫煙という公共悪をいわば無償で消費させられています。公共悪は負の便益をもたらします。

　図表7－5の左図は図表7－4に負の便益を描き加えたものです。負の便益は，たばこを購入する消費者の余剰とたばこを製造・販売する生産者の余剰の一部と重なっています。右図は負の便益で打ち消される部分を総余剰から差し引いたものです。負の便益のうち，消費者余剰・生産者余剰と重なる部分はプラスとマイナスが相殺されて消えます。相殺されない三角形様の領域の面積は死荷重です。この死荷重は，たばこの消費量が多すぎるために生じています。

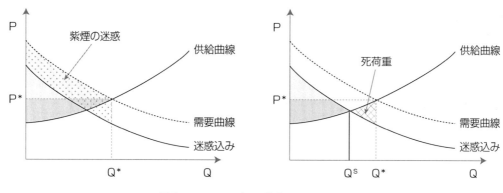

図表7－5　たばこの社会的インパクト

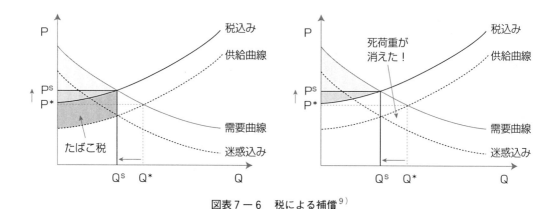

図表7－6　税による補償[9]

9）迷惑と税の描き方はテキストによって異なる。ここでは文脈にあわせた。Varian（1994），Hofmann and Nell（2012）を参照。需要の価格弾力性が高いときにはわずかな課税で公共悪が減るが，低いときには重税を課さないと公共悪が減らない。日本のたばこ税については医療経済研究機構（2010），神部（2019）を参照。

　社会的な損失である死荷重を消すために，たばこに税を課すとしましょう。日本国のたばこ税は量にしたがい課される従量税です。本書執筆時点で，1箱580円のたばこに305円ほどの従量税が課されていました[10]。図表7−6の左図はそのようすを表しています。税によって消費者が直面する価格はP^*からP^Sへ上がります。それにともない，たばこの需要はQ^*からQ^Sへ減ります。これにより，右図が示すように，死荷重は消えます。経済学は「無償の公共悪をフリーライドさせている人たちに税を課せば死荷重を消せる」と考えます[11]。

◇話し合い

　東京駅の空中権を例に，迷惑をかける人と迷惑をこうむる人が話し合って折り合いをつける方法を紹介します[12]。

　東京都，JR東日本，東京駅周辺の地権者はそれぞれの望みと悩みを長らく抱えていました。東京都とJR東日本は，東京駅の建て替えを悲願としていましたが，500億円規模の費用に苦慮していました。駅周辺の地権者たちは，老朽化したビルを建て替えたいと考えていましたが，ビルの高層化を制限する法令が障害となり，収益化の目処が立ちませんでした。

東京都，JR東日本　　　　　　　　　　　　　周辺の地権者

駅舎建て替えは悲願！でも建て替え費用が…　　　高層ビルに建て替えて収益性を高めたい！でも容積率が…

図表7−7　望みと悩み

10) JTウェブサイト，たばこの基礎知識，たばこ税の仕組み によると，特別税を含む国税が152.44円，地方税が152.44円である。これらが従量税である。これに従価税である消費税52.73円が加わるが，ここでは従量税のみを考慮する。従価税については山岡訳（2010, pp.480-488, pp.494-495）を参照。

11) 個別商品への課税は消費者の選択を歪めるので最小限に止めることが望ましい（本郷訳, 2019, pp.87-88）。全ての省，局，課，係が課税権を濫用することになりかねない。また，ピグー税に対する批判は宮澤・後藤・藤垣訳（2020）第5章を参照。

12) 本節の記述は小祝（2015）に依拠している。ここではいわゆる「未利用容積率の移転」を念頭に置く。空中権の位置付けは，民法269条の2，小祝（2015）の表1，表2を参照。地上権の原型は本田訳（2021, pp.376-378）を参照。

13) 大手町・丸の内・有楽町地区特例容積率適用区域である。この区域は千葉県浦安市にある東京ディズニーリゾートの総敷地（100haほどとされる）より広い。

　2000年に土地制度が改正され，開発地区全体で容積率を満たせば建築許可が降りるようになりました。東京駅周辺の事情に当てはめると，東京駅を低く造ることで利用されない容積率を駅周辺の地権者たちが買い取れば，JR東日本は工事費用が得られ，地権者たちは容積率を上乗せした収益性の高い高層ビルを建てられることを意味します。

　これを追い風に，2002年，東京都は駅を中心とする116.7haを特例容積率適用地区に指定しました[13]。丸の内駅舎の復元工事は10年の歳月を経て2012年10月に完成しました。時前後して，追加の容積率を得て収益性を高めた新丸ビル，東京ビルディング，Kitte丸の内などのビル群も駅周辺に誕生しました。

東京都，JR東日本　　　　　　　　　　　　　　　周辺の地権者

未利用の空中権を売る　　　　　　　　　　　未利用の空中権を買うことで
ことで費用を賄える！　　　　　　　　　　　高層ビルに建て替えられる！

図表7－8　話し合い

　この例を経済学の言葉で記述してみます。図表7－9は駅周辺のビルの需要と供給を表しています。賃貸契約を結ぶ当事者だけをみれば最大の総余剰が実現しています[14]。

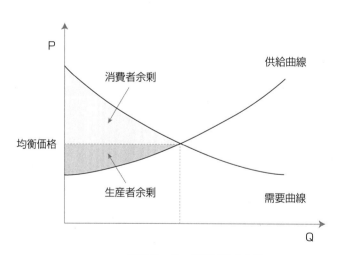

図表7－9　賃貸ビルの市場

14) Gruber（2019, pp.130-132）が指摘する諸点に注意して例を作成した。
15) 高収益のビル（Q^*）を建てる地権者の補償額は低収益のビル（Q^s）を建てる場合に比べてQ^s，Q^*，需要曲線，迷惑込みの需要曲線に囲まれた平行四辺形様の面積分だけ多い。

　図表7−10の左図は図表7−9に負の便益を描き加えたものです。Q^* は，駅周辺の地権者たちが収益を最大にすることだけを考えてビルを建てた場合の賃貸スペースです。このスペースを確保するためにビルを高層化すると，東京駅に日陰がかかります。日陰という無償の公共悪はJR東日本に負の便益をもたらします。この負の便益は，賃貸スペースを借りるテナントの余剰と貸出す地権者の余剰の一部と重なっています。右図は負の便益で打ち消される部分を総余剰から差し引いたものです。負の便益のうち，消費者余剰・生産者余剰と重なる部分はプラスとマイナスが相殺されて消えます。相殺されない三角形様の領域の面積は死荷重です。この死荷重を消すには，ビルの高層化をあきらめ，賃貸スペースを Q^s まで縮小しなければなりません。しかし，そうすると地権者は十分な収益を確保できなくなります。

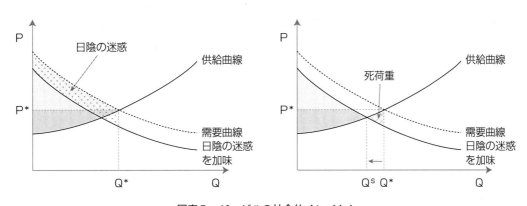

図表7−10　ビルの社会的インパクト

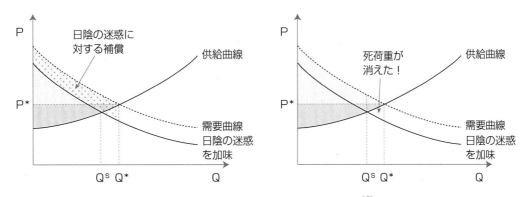

図表7−11　空中権の移転にともなう補償[15]

　どうしても収益性の高い高層ビルを建てたい地権者が，JR東日本に補償金を払うとしましょう。図表7−11の左図はそのようすを表しています。補償金の額は，図表7−10の左図が示す日陰の迷惑をちょうど打ち消す大きさに設定されます。補償金を払うことで，右図が示すように，Q^s より広い Q^* のスペースがある高層ビルを建てることをJR東日本に

理解してもらいます。結果として，地権者は収益性が高い高層ビルを建てることができ，テナントは東京駅近くのビルにより多く入居できるようになりました。経済学は「無償の公共悪をフリーライドさせる人たちとさせられる人たちが話し合い，補償金を払うことで折り合いをつける」ことを勧めています。

❹ 補　償

本章で紹介した無償の公共財に補償する方法をまとめます。政府が間に入るというのは1つの方法です。教育の例では，政府が教育機関に補助金を払って無償の公共善に補償しています。もちろん，補助金の財源は公共善にフリーライドしている社会から政府が徴収します。たばこの例では，政府がたばこの消費者に課税して無償の公共悪に対する補償をさせています。公共善にフリーライドしている社会，公共悪をフリーライドさせている売買の当事者に補償させるこの仕組みを提唱したのは，高名な経済学者ピグーです。それでピグー補助金，ピグー税といいます[16]。

迷惑をかける側とこうむる側が話し合うというのはもう1つの方法です。東京駅周辺の再開発の例では，駅周辺の地権者が補償金を払って無償の公共悪の補償をしています。所有権がはっきりしていて交渉の費用が無視できるほど小さいとき，公共悪をフリーライドさせる側とさせられる側のいずれかが補償すれば折り合いをつけられると主張したのは，ノーベル経済学賞受賞者のコースです。それでコースの定理といいます[17]。

ピグーとコースのメカニズムを遂行する難しさは，フリーライドさせられる無償の公共財の大きさを測る点にあります。補償を少なく済ませたい人は公共善を過小に申告しますし，多く補償してほしい人は公共悪を過大に申告します。経済学者がナイーブに過ぎるのかもしれませんが，これらのメカニズムには耐戦略性がありません[18]。

---

16) 永澤訳（1997, pp.204-209），本郷訳（2019, pp.41-44, p.69, pp.104-110），Baumol（1972），Dusansky and Kalman（1972），伊藤・渡部訳（2016, p.494），河野訳（2018, p.66）を参照。課税の難しさは山岡訳（2010, p.446），Baumol and Oates（1971），独占下における租税は中山訳（2004）第6章，税による補償は宮澤・後藤・藤垣訳（2020, pp.255-256）を参照。
17) Coase（1960），宮澤・後藤・藤垣訳（2020, pp.30-34, pp.274-277）を参照。この定理は取引コストがないとき法，組織，時間の意味がなくなることを示唆する。所有権については前田訳（2016）第1巻第12章と第13章，加藤訳（2017）等を参照。
　　定理は公理と矛盾しない言明である。定理は公理の外に適用できない（Coase, 1981）。善良な市民の倫理観と合致しない事例にこの定理を濫用するのは慎むべきである。
18) Walker（1981），Varian（1994），古くは植田訳（2013, pp.437-438）を参照。

補 論　善悪を決めるのは誰か

　本文で公共善，公共悪という語を用いましたが，「善悪」を決めるのは誰でしょうか。日本国は民主国家です。よって，善悪を決めるのは主権者である国民です[19]。行政を担当する公務員ではありません。公務員が善悪を判断する国家は民主国家ではなく，社会主義，共産主義，全体主義，官僚独裁の国家です。

　三権分立の原理を大著に収めた博覧強記のモンテスキューは次のように書いています。

　「アジアの諸君主は，その帝国の若干の州に毎年貢租を免除するためのほかは，ほとんど勅令を発しない。彼らの意思表示は恩恵のそれである。ところが，ヨーロッパでは，君公の勅令は，それをまだ読まないうちから人々を苦しめる。なぜなら，その中で君公たちは常に彼らの窮乏について語り，われわれの窮乏については決して語らないからである」。アジアの「人民は新たな要求によってたえず悩まされないという利益を引き出すのである。そこでの公の支出は増加しない。なぜなら，大臣たちが新規計画を立てないからである」。「ところが，われわれのヨーロッパはどうかというと，財政に準則を立てることが不可能である」。「われわれの間で大物大臣と呼ばれるのは，もはや公の収入を賢明に分配する者ではなく，策士で，いわゆる金づるを見付ける者である」[20]

　これでおさまらないモンテスキューは，脚注で次のように書いています。

　「歴史における，これら貢租の莫大さ，気まぐれ，さらには気違い沙汰を見よ。アナスタシウス〔東ロオマ皇帝〕は，「各人が空気を呼吸することの代償として税を支払うように」空気を呼吸することに対する貢租を考えついた」[21]

　モンテスキューが今の日本を訪れたら「ここはフランスか？」と言うかもしれません。『楽園の喪失』で知られる作家ジョン・ミルトンは，イングランド内戦の革命の闘士でもありました[22]。彼は次のような言葉を残しています。

19)　主権についてはBlackstone, William, Commentaries of the Laws of England, Introduction, p.49 を参照。

20)　野田他訳（2015, pp.398-399）から文節をつないで引用。小松訳（2020b, pp.131-132）はこの引用文と異なる見方を示している。

21)　野田他訳（2015, p.399）の脚注(1)から訳文のまま引用。

22)　片眼を失明していたミルトンは『第一弁護論』執筆により両眼の光を失ったと伝えられる（新井・野呂訳, 2003, p.368）。『楽園の喪失』は口述筆記とのことである。

「廃止される法よりも，新たに制定される法のほうが数が多いということのなきように。なぜなら，国家にはしばしば多くの法を発布したいという一種の欲望にとりつかれて，うずうずしている連中がいるものでありまして，それはあたかも三流詩人が多くの詩を書きちらしたくて，うずうずしているようなものであります」[23]

「他人の自由を剥奪しなければ自分たちは自由ではないと信じる者どもや，同胞たちの身体ばかりか良心までも鎖につなぐことに異常な熱意を燃やすしか能がなく，国家と教会の上に，自分たち自身の下劣な慣習と憶断という，暴政の内でも最たるものを押しつける者どもの言うことには，だんじて耳を傾けてはならないのであります」[24]

ライデン大学，「かの学舎（まなびや），栄光ある共和政（コモン・ウェルス），古（いにしえ）より〈自由〉の住まうところ，人文学のまさに源泉（みなもと）たる流れ，それですらもそなたのねたみ深い奴隷根性と生まれながらの獣性という錆（さび）を洗い落とすことはできなかった」[25]

奇妙なことに，バランスの取れた賢人と謳われることもある上の2人と比べて非難されることが多いマキアヴェリは，より穏やかに生活の知恵を語りかけます。

「新しい制度を独り率先してもちこむことほど，この世でむずかしい企てはないのだ。またこれは，成功のおぼつかない，運営の面ではなはだ危険をともなうことでもある。というのは，これをもちこむ君主は，旧制度でよろしくやってきたすべての人々を敵にまわすからである」[26]

これは善！ これは悪！ という叫び声は，賢人には give me chocolate! としか響かないのかもしれません[27]。

---

23) 新井・野呂訳（2003, p.451）から引用。
24) 新井・野呂訳（2003, p.452）から引用。同書p.456も参照。
25) 新井・野呂訳（2003, p.104）から引用。
26) 池田訳（2021, pp.53-54）から引用。
27) 本田訳（2011, p.210）に「雄弁術の役割とは，話し手の目的に役立つと思われるところに従って，善悪・用不用・徳不徳を実際以上もしくは実際以下に見せかけ，不正なことを正しいと思わせることである。なぜなら，言いくるめるとはそういうことだからである」とある。小松訳（2020a, pp.221-225）も参照。川崎訳（1987, pp.29-30）は理性という名の狂信を論難している。純粋理論と価値判断の関係については御崎・山下訳（2023），松嶋（1985, pp.176-186, pp.250-261, pp.270-272, pp.306-311），川俣（2010）を参照。現代の経済学は反証可能性を排除した形而上学に思える。

参考文献

・秋田茂『イギリス帝国の歴史 ─アジアから考える─』中央公論新社，2018年。

・医療経済研究機構『禁煙政策のありかたに関する研究 ─喫煙によるコスト推計─』調査研究報告書，要旨，2010年。

・川俣雅弘「パレートの研究計画と20世紀ミクロ経済学の展開」，丸山徹編『経済学のエピメーテウス ─高橋誠一郎の世界をのぞんで─』知泉書館，2010年，pp.243-272。

・神田雄堂『たばこ税はさらに引上げるべきか 〜たばこ消費抑制の観点から〜』基礎研レター，ニッセイ基礎研究所，2019年5月31日。

・小祝慶紀『未利用容積率の利用権（空中権）移転の法と経済学的検討 ─未利用容積率の利用権の所有権的意義と市場取引の課題─』比較法制研究（国士舘大学），38，45-69，2015年。

・塚田富治『インテリ国王の「嫌煙」闘争 ─一七世紀の嫌煙論は二一世紀にも有効か─』一橋論叢，125，3，224-239，2001年。

・松嶋敦茂『経済から社会へ ─パレートの生涯と思想─』みすず書房，1985年。

・Arrow, Kenneth Joseph著，長名寛明訳『社会的選択と個人的評価』第3版，勁草書房，2013年。

・Bentham, Jeremy著，中山元訳『道徳および立法の諸原理序説』下，筑摩書房，2022年。

・Coase, Ronald Howard著，宮澤健一・後藤晃・藤垣芳文訳『企業・市場・法』筑摩書房，2020年。

・Cournot, Antoine Augustin著，中山伊知郎訳『富の理論の数学的原理に関する研究』近代経済学古典選集2，日本経済評論社，2004年。

・Filmer, Robert著，伊藤宏之・渡部秀和訳『フィルマー 著作集』近代社会思想コレクション19，京都大学学術出版会，2016年。

・Grotius, Hugo／John Selden著，本田裕志訳『海洋自由論／海洋閉鎖論1』近代社会思想コレクション31，京都大学学術出版会，2021年。

・Hicks, John Richard著，安井琢磨・熊谷尚夫訳『価値と資本 ─経済理論の若干の基本原理に関する研究─』上，岩波書店，2006年。

・Hobbes, Thomas著，高野清弘訳『法の原理 ─自然法と政治的な法の原理─』行路社，2017年。

・Hobbes, Thomas著，本田裕志訳『市民論』近代社会思想コレクション01，京都大学学術出版会，2011年。

・Hume, David著，小松茂夫訳『市民の国について』上，岩波書店，2020年（a）。

・Hume, David著，小松茂夫訳『市民の国について』下，岩波書店，2020年（b）。

・Jevons, William Stanley著，小泉信三・寺尾琢磨・永田清訳，寺尾琢磨改訳『経済学の理論』日本経済評論社，1981年。

・Locke, John著，加藤節訳『統治二論』岩波書店，2017年。

・Luhmann, Niklas著，大庭健・正村俊之訳『信頼 ─社会的な複雑性の縮減メカニズム─』勁草書房，2018年。

・Machiavelli, Niccolò著，池田廉訳『君主論 ─新版』中央公論新社，2021年。

・Marshall, Alfred著，永澤越郎訳『経済学原理』第3分冊，岩波ブックサービスセンター，1997年。

・Milton, John著，新井明・野呂有子訳『イングランド国民のための第一弁護論および第二弁護論』聖学院大学出版会，2003年。

・Montesquieu, Charles-Louis de Secondat, Baron de la Brède et de著，野田良之・稲本洋之助・上原行雄・田

池田訳（2021, p.134）の訳註3はliberaleを「おおらか」と訳している。小林監訳（1998，pp.342-343）のドゥ・モロン氏の言葉，川崎訳（1987）Ⅲ 旧エリートの衰退 も参照。戦後間もなくは「戦地に散った友のために」，昭和の終わりは「地方に残した親兄弟のために」という大義があった。今や自分のためだけになってしまった。

中治男・三辺博之・横田地弘訳『法の精神』上，岩波書店，2015年。

・Pareto, Vilfredo Frederico Damaso著，川崎嘉元訳『エリートの周流 ―社会学の理論と応用―』垣内出版，1987年。

・Pigou, Arthur Cecil著，本郷亮訳『ピグー 財政学』名古屋大学出版会，2019年。

・Pufendorf, Samuel von著，前田俊文訳『自然法にもとづく人間と市民の義務』近代社会思想コレクション18，京都大学学術出版会，2016年。

・Rousseau, Jean-Jacques著，河野健二訳『政治経済論』岩波書店，2018年。

・Smith, Adam著，山岡洋一訳『国富論 国の豊かさの本質と原因についての研究』下，日本経済新聞出版社，2010年。

・Steuart, James著，小林昇監訳『経済の原理 ―第1・第2編―』名古屋大学出版会，1998年。

・Voltaire著，植田祐次訳「カンディード」『カンディード 他五篇』岩波書店，2013年。

・Walras, Marie Esprit Léon著，御崎加代子・山下博訳『社会経済学研究』日本経済評論社，2023年。

・Baumol, William Jack, 1972, On Taxation and the Control of Externalities, American Economic Review, 62, 3, 307-322.

・Baumol, William Jack, and Wallace E. Oates, 1971, The Use of Standards and Prices for Protection of the Environment, Swedish Journal of Economics, 73, 1, Environmental Economics, 42-54.

・Baumol, William Jack, and Robert D. Willig, 1981, Fixed Costs, Sunk Costs, Entry Barriers, and Sustainability of Monopoly, Quarterly Journal of Economics, 96, 3, 405-431.

・Coase, Ronald Harry, 1960, The Problem of Social Cost, Journal of Law and Economics, 3, 1-44.

・Coase, Ronald Harry, 1981, The Coase Theorem and the Empty Core: A Comment, Journal of Law and Economics, 24, 1, 183-187.

・Dusansky, R., and P. J. Kalman, 1972, Externalities, Welfare, and the Feasibility of Corrective Taxes, Journal of Political Economy, 80, 5, 1045-1051.

・Gruber, Jonathan, 2019, Public Finance and Public Policy, Worth Publishers.

・Hofmann, Annette, and Martin Nell, 2012, Smoking Bans and the Secondhand Smoking Problem: An Economic Analysis, European Journal of Health Economics, 13, 3, 227-236.

・Holtermann, S. E., 1972, Externalities and Public Goods, Economica, 39, 153, 78-87.

・Hurwicz, Leonid, 1969, On the Concept and Possibility of Informational Decentralization, American Economic Review, Papers and Proceedings of the Eighty-first Annual Meeting of the American Economic Association, 59, 2, 513-524.

・Hurwicz, Leonid, 1973, The Design of Mechanisms for Resource Allocation, American Economic Review, 63, 2, 1-30.

・Milleron, Jean-Claude, 1972, Theory of Value with Public Goods: A Survey Article, Journal of Economic Theory, 5, 3, 419-477.

・Varian, Hal Ronald, 1994, A Solution to the Problem of Externalities When Agents are Well-Informed, American Economic Review, 84, 1278-1293.

・Walker, Mark, 1981, A Simple Incentive Compatible Scheme for Attaining Lindahl Allocations, Econometrica 49, 65-71.

第 8 章

ミクロ経済学の再解釈

本章では，前章まで学んできたミクロ経済学を再解釈します。

❶ 機会費用

機会費用とは，「これを選ぶと手に入れられなくなる他のこと」です。英国の批評家 G. K. チェスタトンは機会費用を文学的に表現しています。

「ある一つの行動を取るということは，つまり他の一切の行動を諦めるということにほかならない。英国王になったならば，ブロンプトンで市長の露払いになることは諦めなければならぬ。ローマに行けば，ウィンブルドンの快適な暮らしは犠牲にするほかない」[1]

この引用文における機会費用は，ローマに行くためにあきらめたウィンブルドンの快適な暮らしです。人の身体はひとつしかありませんので，同時に 2 か所にいられません。ローマ行きの決断は，ウィンブルドンでの快適な暮らしをあきらめることにほかなりません。

消費者の機会費用について，身近な例で理解を深めましょう。次ページの図表 8 − 1 は，400 円のホットドッグを買うための列を表しています。E さんがフードコートでホットドッグの列に並ぶのは，同じ 400 円でいただけるほかの食事（牛丼，ラーメン，カレーライスなど）よりホットドッグのほうがよいと思うからです。つまり，E さんは他の食事では斜線を付した長方形の大きさ分の満足感が得られないと思って，ホットドッグの列に並んでいます。消費者が何かを買うということは「他の何かを買わない」ことを意味します[2]。

1）安西訳（2019, p.62）から引用。機会費用の定義には諸説あることに留意する。
2）小泉他訳（1981, pp.45-47）を参照。初学者の見通しを悪くする消費者理論や生産者理論より，経済学の本流に自然と流れ込む機会費用を学んだほうがよいと思われる。

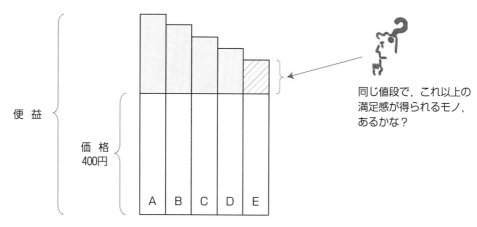

図表8−1　機会費用（ホットドッグを求める列）

　生産者についても事情は同じです。パン屋さんがロールパンを売らずにクロワッサンを売るのは，クロワッサンのほうがもうかるからです。飲料メーカーがリンゴジュースを製造せずオレンジジュースを製造して販売するのも，オレンジジュースのほうがもうかるからです[3]。

　考えてみると，消費者が買い物につかえるお金は有限ですし，生産者が生産と販売につかえる設備，人員，資金も有限です。また，消費者にも生産者にも1日24時間しかありません。限られた設備，人員，資金，時間で何をすべきか，これは消費者と生産者が日々頭を悩ませていることではないでしょうか。

　機会費用の概念は公共財にも適用されます。公共財のニーズを表す図表6−3の右図は縦軸に「P」を取りますが，このPは単なる価格ではなく「公共財の充実度をわずかに高めるために全市民が手放してもよいと思う私的財の量」を表しています。公共財の充実度を高めるということは，住民各人がその分だけ私的財をあきらめるということです。「公共財はどんどん作ればよい」と思われがちですので，ここで指摘しておきます[4]。

　ミクロ経済学は，経済活動を営む人たちが「あれか，これか」選ぶようすを分析する学問です。経済学を選択の科学と評する人がいるのはこのためです[5]。

3）代替投資機会の利益率については山岡訳（2009, pp.58-59）を参照。

4）本郷訳（2019, pp.46-49, pp.55-56），Samuelson（1954, 1955）を参照。Hicks（1956, p.15）に "Even if we start from cardinalism, we are bound to arrive, in the search for concepts which have a definable meaning, at something which is indistinguishable from an ordinal theory" とある。また，公共財が私的財の代替財である状況は想定しにくい。公共財は私的財の補完財と記述するのが自然である。道路の整備が進むにしたがい自動車の売れ行きはよくなる。

2　補　償

　補償とは，バランスを失った社会を再び安定させるためにお金を払うことです。私的財を売買する市場に補償の必要はありません。消費者も生産者も，前より状態が悪くなる売買を強制されないからです。これは自由市場の原則です。

　補償が必要になるのは，意に反して消費させられる無償の公共財があるときです。図表8−2の左図は売買によって生じる無償の公共善に社会が補償するようすを表しています。ここで無償の公共善の大きさは山型の図形の面積です。この面積の分だけ社会のバランスが崩れています。バランスを取り戻すには，公共善にフリーライドしている社会が補償しなければなりません。右図は売買によって生じる無償の公共悪に「売買の当事者」が補償するようすを表しています。ここで無償の公共悪の大きさは錐型の穴の面積です。この分だけ社会のバランスが崩れています。バランスを取り戻すには，公共悪をフリーライドさせている売買の当事者が補償しなければなりません。

　もし補償せずに放置すれば，社会のバランスは崩れたままになり，みながわだかまりを抱えたまま生活せざるをえなくなります。補償は，社会が鬼の棲家にならないように設けられたセーフティーネットです[6]。

図表8−2　補　償

5）松嶋（1985, pp.149-156）を参照。機会費用と第2価格オークションの類似性はMakowski and Ostroy（1987），公共財との関連は宮澤・後藤・藤垣訳（2020, pp.253-255, p.260）を参照。マクロの視点で経済を分析するときには，失業という要因が加わるので話が全く変わる（本郷訳, 2019, pp.51-53と第Ⅲ編）。ミクロとマクロでは異なる分析ツールを用いるべきである。

6）補償原理については佐々木（2019）第8章補論を参照。英国にエクイティ（衡平）という概念がある。これは法（コモン・ロー）で裁ききれない事情がある事柄について，王の側近である大法官が社会の安定に資する判断を下すことである。英国には古くから「世の中は割り切れない」という通念があったのであろう。この点については本郷訳（2019, pp.23-28）参照。

③ 世　間

　周りの人たちのふるまい，周りの人たちの眼を世間，世間体ということがあります。ここでは，周りの人たちのふるまいの束を「世間」と呼ぶことにします[7]。この言葉を用いて完全競争市場，不完全競争市場，公共財を含む経済を記述しなおしてみましょう。

　完全競争市場には世間という概念がありません。完全競争市場では，図表8－3が示すように，消費者と生産者の対話は絶無です。あるのは神と消費者の対話，神と生産者の対話だけです。すべてが調和するよう市場の神がプログラムし給うたから，消費者も生産者も神聖な価格にしたがうだけでよい，ということです[8]。

　何か災いが起こるとすれば，誘惑に負けて禁断の果実を食べたアダムのように，消費者と生産者が世間に気づいたときです。完全競争市場という「エデンの園」を追放されるや厳しい世間の風にさらされます[9]。

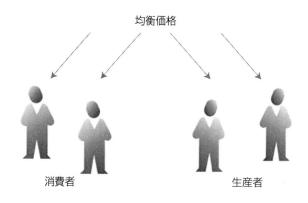

図表8－3　「世間」がないエデンの園

　　田村訳（2002, p.223）に「強い手，つまり他のどんな組織よりも力において卓越した団体である国家は，情念という無秩序な力を手でつかまえ，――個々人の活動が協調する条件であり，社会の一番重要な関心の充足である――秩序へと駆り立てていく。国家は，文化の体系のなかで行われる，個々人のあらゆる首尾一貫した行為の前提である」とある。

7）長名（2010, p.17）に「境遇」という語があるが，ここではより日常語に近い世間を用いた。Hurwicz（1973, p.16）は，統治者にも住民にも変えることができないもの，すなわち初期賦存，消費者の選好，生産者の技術を「環境」と定義している。Makowski and Ostroy（1987），奥山（2009, p.201）も参照。

8）佐々木・吉原訳（2018）第1章を参照。

9）アダムとイブがいちじくの葉だけを身にまとうのは，エデンの園に世間がないことの暗喩であろう。キリスト教的世界観については武藤訳（2019）の訳者あとがきを参照。また，松嶋（1985, p.111）は，競争市場を「絶海の孤島」と評している。

　その名を聞けば市場で王様のようにふるまうと思われがちですが，独占企業は消費者という「世間」に直面しています。図表8－4は，独占企業が直面する需要曲線です。数量 Q^M を売るのに $P^\#$ のような高値をつけることはできません。この価格では数量 $Q^\#$ しか売れないからです。独占企業であっても王様のようにはふるまえず，消費者の便益を超えない水準である P^M に価格を設定せざるを得ません。

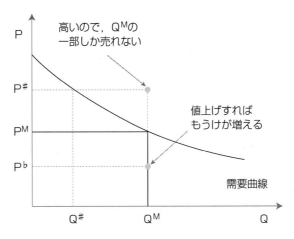

図表8－4　独占企業が直面する「世間」

　寡占市場では少数の生産者がシェア争いをしています。このとき，生産者は消費者だけでなく，競争相手である他の生産者のふるまいも気にしなければなりません。寡占企業は消費者と競合他社という厳しい「世間の風」にさらされています。

　有料の公共財を設置するときには，住民も「世間」に直面します。公共財に対する自らの便益をみなが正直に打ち明ければ応分負担ができるのですが，他の人が便益を過小に申告するかもしれないときには，正直者がバカをみないように便益を過小に申告する誘惑にかられます。住民は，ともに暮らす世間様の戦略性に恐れおののき疑心暗鬼になります。

　無償の公共財を社会が消費させられる場面では，売買に直接関わらない人まで巻き込まれます。公共善にフリーライドする人は頬かむりをして補償を値切り，公共悪をフリーライドさせられる人は拡声器の音量を最大にして補償を求めます。「とかくに人の世は住みにくい」[10] ものです。

---

10) 夏目漱石『草枕』冒頭の一節を引用。「原始契約」の実態は小松訳（2020a, p.133）を参照。理想社会と現実の距離感については小松訳（2020a, pp.232-233, p.239）を参照。また，池田（2010, p.182）も参照。

❹ 戦　略

　戦略とはゲーム理論の用語です。ゲームとは，自らの利得が他の誰かの戦略によって変わりうる状況です。利得とは望ましさを表す数値であり，戦略とはとりうる行動です。前節の「世間」に当たるものが他の誰かの戦略です。

　上で述べたように，完全競争市場には世間がありませんので戦略の要素がありません。他人がどうあろうとも，消費者各人は自らの便益と価格を比べて，生産者各人は自らの費用と価格を比べてふるまいを決めます[11]。

　完全競争以外には戦略の要素があります。戦略が関わるとき，考えるべきことが爆発的に増え，社会はややこしく不安定になります。以下，寡占と公共財を例にみます。

◇寡　占

　第5章で寡占について学びました。その補論に示した企業1の供給量 q_1 と企業2の供給量 q_2 の式を再び掲げると次のようになります[12]。

$$q_1 = \frac{a - bq_2 - c}{2b} \qquad q_2 = \frac{a - bq_1 - c}{2b}$$

　これらの式から，企業1の供給量は企業2の戦略（q_2）から影響を受け，企業2の供給量は企業1の戦略（q_1）から影響を受けることがわかります。寡占は，相手の戦略が自らのふるまいに影響を与えるゲームの典型例です。

　ゲームのプレーヤーが協力しないとき得られる結果を非協力解といいます。非協力解は次のとおりです。

$$q_1^D = q_2^D = \frac{a - c}{3b} \qquad P^D = \frac{1}{3}a + \frac{2}{3}c$$

　このときの生産者余剰は $\frac{2}{9}(a-c)^2$ です。図表8−5の左図に示した「非協力解」の位置からわかるように，非協力解の生産者余剰は最大ではありません。最大の生産者余剰は，2社が秘密裡にカルテルを結び，あたかも独占企業のようにふるまうとき実現します。それが「協力解」と示した曲線の頂点です。このときの生産者余剰は $\frac{1}{4}(a-c)^2$ です。この生産者余剰を2社で等分すれば2社ともにもうけが増えます。ここにカルテルへの誘惑があります。

11）完全競争市場で支配戦略均衡が導かれるのは，限界的消費者と限界的生産者が無数にいるとき各人の存在感は極小になり，他人に与える影響が事実上消失するためである。銀林他訳（2022, pp.61-62），Hurwicz（1972, pp.323-325），Hurwicz（1973, p.17），Roberts and Postlewaite（1976），福岡（1971, pp.415-416）も参照。

　話はここで終わりません。寡占には，カルテルの誘惑のみならず，カルテル破りの誘惑もあるからです。図表8−5の右図は，協力解と非協力解の価格を表しています。協力解であるカルテルを実行するとき，2社とも同じ高い価格で販売します。このとき，2社のうち1社（たとえば企業1）が裏切り，協力解の価格よりわずかに低い価格をつければ，すべての消費者は企業2を見捨て，企業1から安く買うようになります。企業1のカルテル破りを見越して，企業2は企業1をわずかにこえる値下げをして，奪われそうな消費者を取り返すことを目論みます。この策動を敏感に感じ取る企業1はさらに値下げします。こうした思考実験の行きつく先は，2社ともにもうけがなくなる価格（図表8−5の右図に示した値下競争の点）です。このように，とてつもなくややこしく，不安定で，望まない結果になりうるのがゲームです[13]。

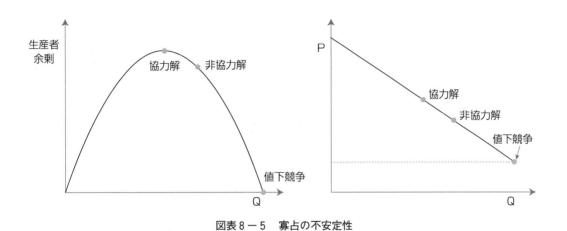

図表8−5　寡占の不安定性

　19世紀中頃の経済学者クールノーは寡占を立式化した最初期の人ですが，その業績は長らく過小評価されてきました。クールノーが正当に評価されるようになったのは，20世紀半ばにノイマン，ナッシュという想像を絶する天才たちがゲーム理論を体系化してからです[14]。

---

12) 第5章の補論から途中の式を再び掲げた。

13) Romer（1970），Cyert and DeGroot（1973），Osborne（1976），Spence（1978）を参照。寡占では，生産者余剰が最大になるのは協力解，消費者余剰も含む総余剰最大になるのは値下競争の結果得られる解である。この点も話を複雑にする。

14) コンピューターの生みの親として知られるJ.ノイマンには初期のコンピューターより計算が速かったとの逸話がある。J.ナッシュはノーベル経済学賞と数学のアーベル賞をともに受賞している。アーベル賞授賞式の帰途に事故死したという劇的な最期に象徴される数奇な運命は，映画『ビューティフル・マインド』に描かれている。

ノイマン　　　　　　　　　ナッシュ

図表 8 - 6　ゲーム理論の創始者たち[15]

◇公 共 財

　寡占の分析では，企業1は企業2の費用構造を知っていましたし，企業2は企業1の費用構造を知っていました。さらに2社とも需要曲線の形（すべての消費者の便益）も知っていました。つまり，スティグラーの6条件の6つめ「売買の当事者は意思決定に必要なことすべてを知っている」が満たされていました。6つめの条件が満たされていることを完全情報といいます[16]。寡占の結果はさまざまであり，不安定で，必ずしも社会的に望ましいものとはいえませんが，どんな結果になりそうかはわかりました。

　公共財を含む経済では，情報が完全でないために話がさらに複雑になります。有料の公共財の費用負担を考えるとき，住民は他の住民が公共財から得る便益を知りません。無償の公共善の補償を考えるとき，公共善にフリーライドしている人の便益がわかりません。無償の公共悪の補償を考えるときも，公共悪をフリーライドさせられている人の負の便益がわかりません。まさに暗中模索です[17]。

　第6章と第7章で紹介したリンダール，ピグー，コースのメカニズムは，いずれも情報が不完全な現実世界では脆弱です。しかし，有料の公共財は社会に不可欠ですし，無償の公共財に補償することも社会を安定させるために不可欠です。では，脆弱性を回避して，あるべきものがあるべきところにある，安定した経済社会を実現するにはどうすればよいのでしょうか[18]。これを考えるのがメカニズムデザインという経済学の研究領域です。

---

15) The Library of Economics and Liberty から画像を取得。

16) Simon（1972, pp.162-163）を参照。また，Common Knowledge については Aumann（1976）を，その対概念と思われる Privacy については Hurwicz（1973, p.20）を参照。

17) Maskin（2008, p.568）を参照。不完備情報については本書第9章の補論を参照。

18) マタイによる福音書22の21節に「カエサルのものはカエサルに，神のものは神に」という言葉がある。

◇メカニズムデザイン

　情報が完全でないとき，人は損しないように，得するように，巧妙な嘘をつくかもしれません。嘘が入り込むと何が起きるか見当もつかなくなり，社会は混迷の度を深め，極端に不安定になります。ホッブズの「万人の万人に対する闘争」に陥ります。

　これを回避する策があるのか，もっと言うと「社会は持続可能か」を議論するのがメカニズムデザインの領域です。この領域を開拓し，研究を深め，ノーベル経済学賞を受賞したのがハーウィッツです。彼が得た1つの結論は，次に掲げる3つの条件を満たすメカニズム，すなわちみなが正直に打ち明け，それが個人にも社会にもよい結果になるメカニズムは残念ながら存在しないということでした[19]。

・耐戦略性（Strategy Proofness）
・個人合理性（Individual Rationality）
・パレート効率的（Pareto Optimality）

　ハーウィッツの後に続く研究の多くは「みなが正直に打ち明けるメカニズムがあれば，社会は望ましい状態に到達する」と考えているようです。よって問題は「みなが正直に打ち明けるメカニズムはあるのか」という点に絞られます[20]。内心の自由がある社会で，いつもすべてを正直に打ち明ける人はいないというハーウィッツの「悲観的な」結論は，ある種生活の知恵といいますか，市井の人の常識なのかもしれません[21]。

---

19) Hurwicz（1972, p.326）にはIncentive-Compatible, Pareto-Satisfactory, Informationally Decentralizedの3条件が，Hurwicz（1973, p.16）にはFeasibility, Efficiency, Optimalityの3条件が示されている。Banerjee（1994），奥山（2009）も参照。この定理は社会契約説，最善説の破綻（植田訳，2013）を示唆しているように思える。小松訳（2020b, pp.157-170, pp.213-218）も参照。なお，Hurwicz（1972）が例証したのは2人2財のエッジワース型経済であり，本書が分析している無数の消費者，無数の生産者がいる経済とは異なることに留意する。

20) Muller and Satterthwaite（1977）を参照。Hurwicz（1972, p.332）は，耐戦略性のないメカニズムを遂行する費用はかさむと指摘している。耐戦略性と支配戦略遂行の関係は坂井・藤中・若山（2008, pp.28-32）を参照。松浦訳（2020, pp.96-99）も参照。

21) Gibbard（1973），Sattherthwiate（1975），Muller and Satterthwaite（1977）は，起こりうる結果が3以上であるとき耐戦略性のあるメカニズムは独裁であることを示した。確かに，「望ましい社会の姿」を決める人がいるとすれば，それは独裁者である。この点については池田（2010）を参照。V.F.D.パレートと神秘的ファシズムの関係についてはCirillo（1983）を参照。また，正直な申告は自白の強要と紙一重である。魔女狩りの文献には「工夫を凝らした」自白強要の手法が多数記されている。当時一流の知識人であったJ.ボダンにもジェームズ1世にも魔女狩りの著作がある。掛川訳（2018）第19章と第20章のギルド社会主義の記述も参照。

　完全競争市場というエデンの園から一歩踏み出すや，世間の凍えるような冷たい風にさらされます。経済学者もエデンの園を離れ，闘争による社会の崩落を防ぐメカニズムを模索していますが，果たして勝算はあるのでしょうか[22]。

　ホッブズは，人が蜂や小動物のような群れを平和的に維持できない理由を6つ挙げています[23]。

　　1　人は優劣を競うがゆえに嫉妬や憎悪を生じ，これが暴動や戦争を起こさしめる
　　2　人は食料のみならず，支配，優越，私的な富を追い求めるがゆえに相争う
　　3　人は他の人より賢明だと思いがちであるがゆえに，制度変更を求めて争う
　　4　人は言葉を持つがゆえに党派を作る
　　5　人は自らを正邪の裁判官とするがゆえに心休まる時がない
　　6　人の平和は信約という相互の約束に基づくがゆえに不安定である

　こうした人間特有の欠陥をふまえ，たとえ「万人の万人に対する闘争」に陥ったとしてもこれだけは避けよ，とホッブズは書いています。

　「自然法は戦争においても次のことだけは命じる。すなわち，人間は，自分の現在の情念の残酷さ──自分自身の良心において将来のなんの利益も予見しえないような残酷さ──を満足させてはならないということである。というのは，そのような残酷さは戦争の必要ではなく，戦争を好む精神の性向をあらわに示すものであり，自然法に反しているからである」[24]

────────────────

22)「完全競争から体制選択まで」包摂するメカニズムデザイン（Hurwicz, 1973, p.1）には大統一理論の趣があり，惹かれるのは理解できる。ただ，それを実地に移すとき責任を取ることを明確にすべきである。他人様の人生に手を入れ，いざとなると逃げ出すことは許されない。色とりどりのメカニズムもゼロ金利の徒花にみえる。

23) 高野訳（2017, pp.163-164）を要約して列挙した。本田訳（2011, pp.120-122, p.134）にも類似の章句がある。本田訳（2011, p.404）に「各人が自分自身の見解に従うから，生じてくる論争が無数でしかも決着不可能になることは避けられず，そこから（その本性上，あらゆる不同意を侮辱とみなす）人間同士の間には，まず第一に憎悪が，その次には喧嘩や戦争が生じることになり，こうしてあらゆる社会的結合と平和が滅び去ることになる」とあり，村井・北川訳（2020, pp.501-502）に「主義を信奉する人間は，自分は非常に賢いと思い上がりがちである。自らが練り上げた理想的な統治計画の想像上のすばらしさに夢中になるあまり，そのごく一部の些細な逸脱にも我慢できないことが多い。計画を細部にいたるまで完全に実行しようとし，対立する可能性のある重大な利害関係や強い偏見をも一顧だにしない」とある。武藤訳（2010, pp.59-60）も参照。

24) 高野訳（2017, p.161）から引用。

　アダム・スミスがあれほど「共感」を強調したのは，この地上では共感が社会の崩落を止める最後のよすがであることを知り抜いていたからかもしれません[25]。

　私の見解は，ケインズの言うとおり，経済学者は失業問題の解消に注力すべきだということです。経済問題の大半は失業問題といって過言ではありません。これさえ解決できれば，「あとはご随意に」でよいのではないでしょうか。あっという間に老いさらばえて死んでゆく私たちは，束の間の生を精一杯楽しむことをまず考えるべきだと思います[26]。

　日本は，国民1人1人が生き生きと生きる自由で民主的な国家ですので……

---

25) Wright（2007）を参照。いかにJ.J.ルソーが「自然に帰れ」（中島，1959）と言っても人が人である限り「エデンの園」に帰ることはできまい。そのとき社会を支えるのは，私たち1人1人の共感しかないのではないか。この共感は生ぬるい同情ではなく，全く異質で相容れない他者がいることを容認する，葛藤と自己犠牲をともなうギリギリの寛容である。精神の鍛錬なしにこの共感力は手に入れられない。西條（1991）も参照。

26) ケインズの経済学については佐々木（2021）を参照。マスキン単調性（「住人」がより狭量になった（よりおおらかでなくなった）としても社会目標として選ばれ続けるという性質）を満たす経済目標は完全雇用しかないのではないか。小松訳（2020b, p.199）も参照。個人的なふるまいを社会厚生関数で評価する無理についてはSen（1976）を参照。
　小林監訳（2022, p.86）に「私は明白な諸原理を指摘するという領分をこえて先へ踏み込まない。状況におうじて諸原理を適用することは，為政者の仕事である」とある。小林監訳（1998, p.292）には「およそ自由な国民が自分たちのきわめてささいな行為まで統制する権限を為政者に付与するということであれば，それは正気の沙汰とはいえず，またこれを振り払うことは非常に困難であるにちがいないのだから，彼らはその性質からして最悪の自発的な奴隷制を甘受するものとみなさなければならない，というものである。これには私も同意する」とある。また，中山訳（2022, p.188）に「ある出来事に実際に結びついているすべての種類の状況のうちで，人間の能力を最大限に行使しても，発見することができる状況の数はごく限られたものである。そして私たちの注意を引くような状況の数は，さらにはるかに少ない」とある。加えて斉藤訳（2021）に「あらゆる迷信のなかで，最も危険な迷信は，自分と意見がちがう隣人は憎悪すべきだという迷信ではなかろうか」（p.180）。「意見のちがいは，和解しがたいほどの憎悪をかきたてた。また，誤った熱狂がひとびとにもたらした不幸のすべて，これも見てほしい。つまり，人間たちは現世において，すでに地獄をたっぷり味わってきたのである」（p.103）。「いまこそ心を決めていただきたい。和合を求めるのか，殺戮を求めるのか」（p.209）とある。さらに斉藤訳（2021, p.50）に「日本人は，全人類でもっとも寛容な国民であった。その帝国では，十二の温和な宗教が定着していた」とある。
　誰かを生贄に捧げることを「改革」の原動力とするのは止めるべきである。政治，行政，法曹，学界，マスコミ，SNSでくりひろげられる私刑のすさまじさたるや，中世の宗教裁判とみまごうほどである。良心的な多数派はこうしたことに心底うんざりしている（武藤訳，2010, pp.39-40）。

補 論　経済学を深めるために

　フランス革命から第2次大戦終結までの時代を象徴する本のうち，読みやすそうなものを選んでみました。是非手に取ってみてください。

著　者	著　作
A.C.H.C. トクヴィル	『アメリカのデモクラシー』『旧体制と大革命』
T.R. マルサス	『経済学原理』『経済学における諸定義』
D. リカード	『経済学及び課税の原理』
A.A. クールノー	『富の理論の数学的原理に関する研究』
A.J.É.J. デュピュイ	『公共事業と経済学』
J.S. ミル	『自由論』『功利主義』
W. バジョット	『ロンバード街』『イギリス憲政論』
G. シュモラー	『国民経済，国民経済学および方法』
C. メンガー	『一般理論経済学』『経済学の方法』
O. ベーム＝バヴェルク	『国民経済学』『マルクス体系の終結』
M.E.L. ワルラス	『純粋経済学要論』『社会的富の数学的理論』
W.S. ジェヴォンズ	『経済学の理論』
A. マーシャル	『経済学原理』
V.F.D. パレート	『エリートの周流』『一般社会学提要』
L.C. ロビンズ	『経済学の本質と意義』
A.C. ピグー	『富と厚生』『財政学』"Theory of Unemployment"
J.M. ケインズ	『インドの通貨と金融』『平和の経済的帰結』『貨幣改革論』『貨幣論』『雇用，利子及び貨幣の一般理論』
J. シュンペーター	『経済発展の理論』『経済学史』『租税国家の危機』
J.R. ヒックス	『価値と資本』"A Revision of Demand Theory"
H. ケルゼン	『民主主義の本質と価値』
C. シュミット	『現代議会主義の精神史的状況』『陸と海』
A.A. バーリ＝G.C. ミーンズ	『近代株式会社と私有財産』
F.A. ハイエク	『致命的な思い上がり』『隷属への道』
J. ノイマン＝O. モルゲンシュテルン	『ゲームの理論と経済行動』

図表8－7　経済学の古典

参考文献

・池田幸弘「ドイツ語圏における交換理論の発展：―ヘルマン・ハインリッヒ・ゴッセンとカール・メンガー―」，丸山徹編『経済学のエピメーテウス ―高橋誠一郎の世界をのぞんで―』知泉書館，2010年，pp.163-185。

・奥山利幸『経済環境における耐戦略性：ハーヴィッツ定理の一般化とその周辺研究について』法政大学，経済志林，76，4，199-229，2009年。

・長名寛明『資源配分機構の設計と外部性』勁草書房，2010年。

・西條辰義「公共的意思決定のメカニズム・デザイン」，宮島洋・金本良嗣編『公共セクターの効率化』東京大学出版会，1991年，第 2 章。

・坂井豊貴・藤中裕二・若山琢磨『メカニズムデザイン ―資源配分制度の設計とインセンティブ―』ミネルヴァ書房，2008年。

・佐々木浩二『ミクロ経済分析 ―はじめて学ぶ人へ―』創成社，2019年。

・佐々木浩二『マクロ経済分析 ―ケインズの経済学―』創成社，2021年。

・中島巌『「自然に帰れ」とは ―ルソーの学説―』一橋研究，5，63-73，1959年。

・福岡正夫『コアと競争均衡』三田学会雑誌，64，7，415-424，1971年。

・松嶋敦茂『経済から社会へ ―パレートの生涯と思想―』みすず書房，1985年。

・Bentham, Jeremy著，中山元訳『道徳および立法の諸原理序説』筑摩書房，2022年。

・Chesterton, Gibert Keith著，安西徹雄訳『正統とは何か』春秋社，2019年。

・Coase, Ronald Howard著，宮澤健一・後藤晃・藤垣芳文訳『企業・市場・法』筑摩書房，2020年。

・Hobbes, Thomas著，本田裕志訳『市民論』近代社会思想コレクション01，京都大学学術出版会，2011年。

・Hobbes, Thomas著，高野清弘訳『法の原理 ―自然法と政治的な法の原理―』行路社，2017年。

・Hume, David著，小松茂夫訳『市民の国について』上，岩波書店，2020年 (a)。

・Hume, David著，小松茂夫訳『市民の国について』下，岩波書店，2020年 (b)。

・Hunt, Lynn著，松浦義弘訳『フランス革命の政治文化』筑摩書房，2020年。

・Jevons, William Stanley著，小泉信三・寺尾琢磨・永田清訳，寺尾琢磨改訳『経済学の理論』近代経済学古典選集 4，日本経済評論社，1981年。

・Lippmann, Walter著，掛川トミ子訳『世論』下，岩波書店，2018年。

・Lowry, Todd Stanley著，武藤功訳「ピタゴラス学派の数学的理想主義と経済・政治理論の構想」，丸山徹編『経済学のエピメーテウス ―高橋誠一郎の世界をのぞんで―』知泉書館，2010年，pp.33-61。

・Neumann, John von, and Oskar Morgenstern著，銀林浩・橋本和美・宮本敏雄監訳，阿部修一・橋本和美訳『ゲームの理論と経済行動』筑摩書房，2022年。

・Pigou, Arthur Cecil著，本郷亮訳『ピグー 財政学』名古屋大学出版会，2019年。

・Rochefoucauld, François VI, duc de La著，武藤剛史訳『箴言集』講談社，2019年。

・Schmoller, Gustav von著，田村信一訳『国民経済，国民経済学および方法』近代経済学古典選集【第 2 期】Ⅱ，日本経済評論社，2002年。

・Simon, Herbert Alexander著，佐々木恒男・吉原正彦訳『意思決定と合理性』筑摩書房，2018年。

・Smith, Adam著，山岡洋一訳『国富論 国の豊かさの本質と原因についての研究』上，日本経済新聞出版社，2009年。

・Smith, Adam著，村井章子・北川知子訳『道徳感情論』日経BP社，2020年。

・Steuart, James著，小林昇監訳『経済の原理 ―第 1 ・第 2 編―』名古屋大学出版会，1998年。

・Steuart, James著，小林昇監訳『経済の原理 ―第 3 ・第 4 ・第 5 編―』名古屋大学出版会，2022年。

・Voltaire著，植田祐次訳「カンディード」『カンディード 他五篇』岩波書店，2013年。

・Voltaire著，斉藤悦則訳『寛容論』光文社，2021年。

・Aumann, Robert John, 1976, Agreeing to Disagree, Annals of Statistics, 4, 6, 1236-1239.

・Banerjee, Samiran, 1994, An Alternative Proof of the Hurwicz (1972) Impossibility Theorem, Economics Letters, 44, 4, 397-401.

・Cirillo, Renato, 1983, Was Vilfredo Pareto Really a 'Precursor' of Fascism?, American Journal of Economics and Sociology, 42, 2, 235-245.

・Cyert, Richard Michael, and Morris H. DeGroot, 1973, An Analysis of Cooperation and Learning in a Duopoly Context, American Economic Review, 63, 1, 24-37.

・Gibbard, Allan, 1973, Manipulation of Voting Schemes: A General Result, Econometrica, 41, 4, 587-601.

・Hicks, John Richard, 1956, A Revision of Demand Theory, Oxford University Press.

・Hurwicz, Leonid, 1972, On Informationally Decentralized Systems, in McGuire, C.B., and Roy Radner, ed., Decision and Organization, A Volume in Honor of Jacob Marschak, North Holland, Amsterdam, Chapter 14.

・Hurwicz, Leonid, 1973, The Design of Mechanisms for Resource Allocation, American Economic Reviw, 63, 2, 1-30.

・Makowski, Louis, and Joseph M. Ostroy, 1987, Vickrey-Clarke-Groves Mechanisms and Perfect Competition, Journal of Economic Theory, 42, 2, 244-261.

・Maskin, Eric Stark, 2008, Mechanism Design: How to Implement Social Goals, American Economic Review, 98, 3, 567-576.

・Muller, Eitan, and Mark Allen Satterthwaite, 1977, The Equivalence of Strong Positive Association and Strategy-Proofness, Journal of Economic Theory, 14, 2, 412-418.

・Osborne, D. K., 1976, Cartel Problems, American Economic Review, 66, 5, 835-844.

・Roberts, Donald John, and Andrew Postlewaite, 1976, The Incentives for Price-Taking Behavior in Large Exchange Economies, Econometrica, 44, 1, 115-127.

・Romer, John, 1970, A Cournot Duopoly Problem, International Economic Review, 11, 3, 548-552.

・Samuelson, Paul Anthony, 1954, The Pure Theory of Public Expenditure, Review of Economics and Statistics, 36, 4, 387-389.

・Samuelson, Paul Anthony, 1955, Diagrammatic Exposition of a Theory of Public Expenditure, Review of Economics and Statistics, 37, 4, 350-356.

・Satterthwaite, Mark Allen, 1975, Strategy-proofness and Arrow's Conditions: Existence and Correspondence Theorems for Voting Procedures and Social Welfare Functions, Journal of Economic Theory, 10, 2, 187-217.

・Sen, Amartya, 1976, Liberty, Unanimity and Rights, Economica, 43, 171, 217-245.

・Simon, Herbert Alexander, 1972, Theories of Bounded Rationality, in McGuire, C.B., and Roy Radner, ed., Decision and Organization, A Volume in Honor of Jacob Marschak, North Holland, Amsterdam, Chapter 8.

・Spence, Andrew Michael, 1978, Efficient Collusion and Reaction Functions, Canadian Journal of Economics / Revue Canadienne d'Economique, 11, 3, 527-533.

・Wight, Jonathan B., 2007, The Treatment of Smith's Invisible Hand, Journal of Economic Education, 38, 3, 341-358.

第**3**部

市場と情報

・・・

「徒弟の期間をいくら長くしても，詐欺を防ぐことはできない。
このような不正を防ぐには，まったく違った法規が必要だ。金銀
製食器の刻印や，亜麻布と毛織物の公的な検印の方が，徒弟に関
するどのような法律よりも買い手に安心感を与える」（Smith,
Adam著, 山岡洋一訳『国富論 国の豊かさの本質と原因についての研究』
上, 日本経済新聞出版社, 2009年, pp.129-130）

「労働の普通の賃金はどこでも，通常，労働者と雇い主の間で結
ばれる契約によって決まり，両者の利害はまったく一致していな
い」（Smith, Adam著, 山岡洋一訳『国富論 国の豊かさの本質と原因に
ついての研究』上, 日本経済新聞出版社, 2009年, p.70）

「企業の取締役は，自分の資金ではなく，他人の金を管理してい
るので，パートナーがパートナーシップの資金を管理する際によ
くみられるような熱心さで会社の資金を管理するとは期待できな
い。金持ちの執事に似て，細かい点にこだわるのは大企業らしく
ないと考えるので，細部にまで目を光らせる義務を果たさなくて
も平気でいられる。このため，株式会社の経営には，怠慢と浪費
が多かれ少なかれかならず蔓延する」（Smith, Adam著, 山岡洋一訳
『国富論 国の豊かさの本質と原因についての研究』下, 日本経済新聞出
版社, 2010年, p.331）

第 9 章

中古車の市場

　図表9−1は図表4−1を再び掲げたものです。第1部の第4章ではこれらの条件すべてが成り立つ完全競争市場について，第5章では条件3,4,5が成り立たない不完全競争市場について学びました。第3部では，主に条件6が成り立たない市場を分析します[1]。

1　同一とみなせるモノを売買する市場である
2　売買にかかる費用はゼロである
3　限界的消費者と限界的生産者が無数にいる
4　1人の消費者，1人の生産者の行動は価格に影響しない
5　生産者が市場に参入したり退出したりする費用はゼロである
6　売買の当事者は意思決定に必要なことすべてを知っている

図表9−1　完全競争の条件

❶　不完全情報

　次ページの図表9−2は完全情報と不完全情報の違いを表しています。売り場のみかんが透明な袋に入れられていれば，買い手はみかんのようすと価格を比べて買うか買わないか適切に判断できます。みかんが不透明な袋に入れられていれば，買い手は袋の中のようすがわからないので，買うか買わないか判断しにくくなります。
　経済学では，「みなが意思決定に必要なことすべてを知っている」状態を完全情報といいます。これは袋が透明である場合にあたります。「必要なことすべてを知らない人がいる」状態を不完全情報といいます。これは袋が不透明である場合にあたります。売買契約の実際は，「必要なことすべてを知らない人がいる」不完全情報であることがほとんどです[2]。

1）第8章で示唆したように，第2部で議論した公共財を含む経済も条件6が成立していない。第3部ではこれを明示的に扱う。第12章では条件1と条件2が成立しない状況を扱う。

売り手　　　　　　　中身が見える　　　　　　　中身が見えない　　　　　　買い手

図表 9 − 2　情報の有無

　不完全情報は，図表 9 − 3 が示すように，契約を結ぶときと契約を結んだ後に生じます。契約時に買うモノの属性（履歴・内実）がわからないために生じる問題を逆選択といいます。契約後にその履行（ふるまい）がわからないために生じる問題をエージェンシー問題といいます。

	知らないこと	生じる問題
契約時	属　性	逆選択
契約後	履　行	エージェンシー

図表 9 − 3　不完全情報[3]

2）不完備情報を不完全情報に変換して分析するので，本書は不完全情報という語を用いる（多くのテキストでは不完備情報という語を用いている）。プレーヤーの利得表の不確実性を確率表記できるというのは相当強い仮定であることに留意する。不完備情報と不完全情報については本章の補論を参照。

3）Arrow（1984）は表の右下にモラルハザードを配しているが，この語は意味を誤解されやすい。本書は代わりにモラルハザードが起こりうる状況を表すエージェンシーという語を用いる。エージェンシー問題は，プリンシパル・エージェント問題ともいう。この問題と対策の短いまとめは Hurwicz（1973, pp.24-26）を参照。八木他訳（2015, p.206）に，錯誤と無知「を価値現象の解明に関して考慮しないならば，われわれは現実の価値現象の広大な領域を部分的にせよ理解不可能なまま放置せざるをえないのである」とある。福井・吉田訳（1986, p.79）には「「無過失性」と「全知」のドグマ」とある。川崎訳（1987, p.89）には「われわれの不十分な科学的知識をもってしては，その分析を形式面に限定してみたところで，ほとんど何事をも予見しえないという点を忘れてはならない。まして現象の内実に関しては，われわれはいかなる観念をもほとんど抱くことができないのである」とある。八木他訳（1991, p.370）も参照。

　加藤訳（2019, p.246）に「信仰と悔い改めというこれらの二つ，すなわち，イエスはメシアであると信じることと善き生とは，新しい契約の不可欠の条件であって，永遠なる生命を得たいと願うすべての人によって実践されなければならないものである」とあるように，キリスト教では契約が特別な意味を持つようである。

② 逆 選 択

　契約時に不完全情報が引き起こす逆選択の問題について，中古車の市場を例に考えます[4]。図表9－4が示すように，同一車種・同一年式・同一グレード・同色の中古車を出品する人が3人いるとしましょう。出品者各人は，走行距離，整備の頻度，事故の有無など，自らが出品する中古車の履歴をよく知っています。そして，それをもとに適正価格を想定します。

　Aさんは遠出をせず家の周りだけで運転してきました。車にダメージを与えないように心がけてきました。これらの履歴から，適正価格を120万円と見込んでいます。Bさんは仕事で長距離を運転してきました。その分手入れに気を遣ってきました。これらの履歴から，適正価格を100万円と見込んでいます。Cさんは大胆に運転してきました。自損事故を起こしましたが，一見してそれがわからないように修理しました。他の2台に比べて履歴が悪いので，適正価格を50万円と見込んでいます。

図表9－4　中古車の適正価格

　次ページの図表9－5は出品者の気持ちを表しています。出品する中古車の履歴は異なっても，「適正価格以上で売りたい」という点で3人の気持ちは共通しています。Cさんの企ては褒められたものではありませんが，出品する以上，人情というものでしょう。

---

4 ）この節の説明はAkerlof（1970）にしたがう。

図表9－5　出品者の気持ち

　図表9－6は買い手の気持ちを表しています。中古車を買いにきたものの，見た目が全く同じ車が3台出品されているのをみて戸惑います。査定のプロではないので，異なる履歴の中古車を見分けることができません。買い手は「必要なことすべてを知らない」不完全情報の状態にあります[5]。このとき，買い手は「高いお金を払って事故車をつかみたくない」「出品車の内実に合わない割高なお金を払いたくない」と思います。

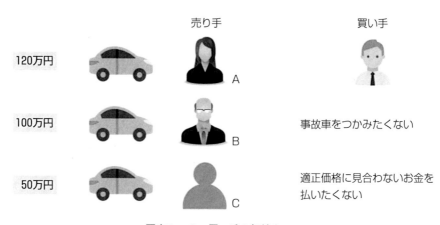

図表9－6　買い手の気持ち

　図表9－7は，図表9－2の買い物袋で中古車市場を例えたものです。出品者は自らの車の履歴を知っています。よって，「いくらなら売る」という判断ができます。一方，買い手は車の履歴がわかりません。よって，「買うか買わないか」の判断が困難です。

───────────────
5）売り手と買い手（契約の当事者間）にある情報格差を非対称情報，または情報の非対称性という。よりひろい社会的文脈での情報については掛川訳（2018, pp.48-51）を参照。

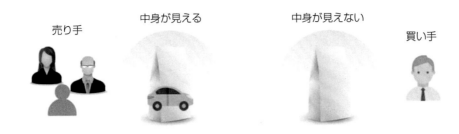

売り手　　中身が見える　　中身が見えない　　買い手

図表９－７　情報の有無（中古車の市場）

　話の見通しをよくするために，買い手は120万円，100万円，50万円の価値を持つ３台が出品されていることは知っていても，特定の車の履歴はわからないとしましょう。

　このとき，買い手はいくらまでならお金を出してもよいと思うのでしょうか。120万円出したいとは思いません。120万円払って100万円あるいは50万円の価値しかない車を買ってしまう恐れがあるためです。買い手は損を恐れて，「買値の提示に出品者がどう反応するか」を考えてから実際の取引に参加することにしました。

　まず，120万円より少ない110万円を提示することを考えます。図表９－８はこの提示に対する出品者の反応を表しています。Aさんは「120万円の価値がある車を110万円で売ると10万円損する」と思い，出品を取りやめます。Bさんは「100万円の価値がある車を110万円で売れば10万円得する」と思い，出品をつづけます。Cさんは「50万円の価値しかない車を110万円で売れば60万円も得する」と思い，出品をつづけます。

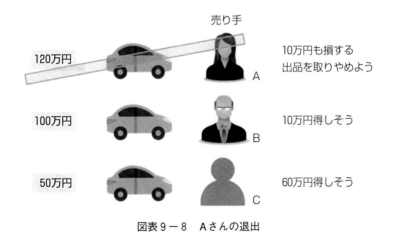

売り手

120万円　　　　　　　　　　　　　　A　　10万円も損する
　　　　　　　　　　　　　　　　　　　　出品を取りやめよう

100万円　　　　　　　　　　　　　　B　　10万円得しそう

50万円　　　　　　　　　　　　　　　C　　60万円得しそう

図表９－８　Aさんの退出

　Aさんが出品を取りやめることを理解した買い手は，考えを進めます。BさんとCさんが出品しつづけるとき，100万円出したいとは思いません。100万円払って50万円の価値しかない事故車を買ってしまう恐れがあるためです。

　そこで，100万円より少ない90万円を提示することを考えます。図表9－9はこの提示に対する出品者の反応を表しています。Bさんは，「100万円の価値がある車を90万円で売れば10万円損する」と思い，出品を取りやめます。Cさんは「50万円の価値しかない車を90万円で売れば40万円も得する」と思い，出品をつづけます。

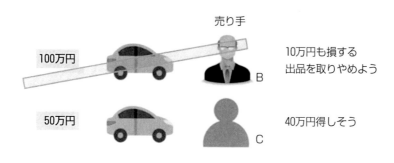

図表9－9　Bさんの退出

　思考実験の結果，Cさんだけが出品しつづけることに気づいた買い手は「事故車を買いたくない」と思い，市場から立ち去ります。そして，Cさんだけが市場に残されます。本来なら真っ先に市場から排除されるべき売り手が最後まで残り，他の優良な売り手と買い手がいなくなってしまう現象を逆選択といいます。

図表9－10　思考実験の結果[6]

─────────

6）思考実験についてはJaffe（1967），Walker（1987）等を参照。意に反して悪いモノを購入してしまう恐れのある市場をレモンの市場という。
　　逆選択は逆選抜，逆淘汰とも表記する。淘汰されるべきものが市場から淘汰されず，淘汰されてはならないものが市場から淘汰されることに注目するなら，自然淘汰（Natural Selection）の対義語としての逆淘汰（Adverse Selection）と表記すべきかもしれないが，逆淘汰という語は優生学（廣嶋，1981）を想起するので，本書では使用を避けた。

❸ 逆選択の緩和

　逆選択の問題を和らげ，中古車の市場を形成するにはどうすればよいのでしょうか。経済学は，第三者による品質保証，アフターケア，心理的負担の軽減，大量取引による相場観の形成などを提案しています。ここでは，認定中古車と中古車オークションの取り組みを紹介します。

◇認定中古車
　第三者機関が検査をして，一定の基準を満たすと認めた中古車を認定中古車といいます。ここでは，トヨタ自動車による認定中古車の取り組みを紹介します。
　トヨタ自動車は，認定中古車の魅力としてまるごとクリーニング，車両検査証明書，ロングラン保証の3つを掲げています。まるごとクリーニングとは，販売する中古車の内装・外装をていねいに清掃することです。他人が乗った自動車を使うことに心理的な負担を感じる人も少なくありません。この負担を少しでも和らげるために，天井，床，トランクを清掃します。フロントシートも取り外し，カビの発生を抑えられるように洗浄します。外装もボディ，タイヤ，ホイールのみならず，エンジンルーム内まで清掃します。車両検査証明書とは，第三者機関が発行する品質証明書のことです。内装と外装を検査して11段階の総合評価がなされます。評価は中古車販売店の独自基準ではなく，自動車公正取引協議会監修，日本自動車査定協会監査に基づく客観基準でなされますので，次ページの図表9−11のように，買い手は安心して内実に見合う価格で購入できます。ロングラン保証とは，最長3年のアフターケアのことです。全国5,000か所で修理を受けることができ，保証される部品点数も5,000にのぼります。これらの努力が実り，2011年には40万台もの中古車が売れました[7]。

◇中古車オークション
　USS（Used Car System Solutions）は，中古車オークションの全国ネットを運営する会社です。この会社は48,000社ほどの法人会員が参加するオークションを19の現車会場，6の提携会場で主催しています。10段階評価された中古車は20秒ほどで競り落とされます。競り後は4日で出庫され，1週間のうちに買い手会員からの入金と売り手会員への入金を済ませます。月15万台が成約するこのシステムのおかげで，全国おおよそ一律の相

場が形成されています。売り手も買い手も，中古車の履歴と内実に見合う相場をふまえて
競りに参加しますので，スムーズに競り落とされます[8]。

こうした取り組みにより，中古車市場は活況を呈しています。売買が全く行われないと
き総余剰は0ですが，売買が盛んに行われるとき総余剰は0より大きくなります。したが
って，逆選択の問題を和らげることはとても重要です。

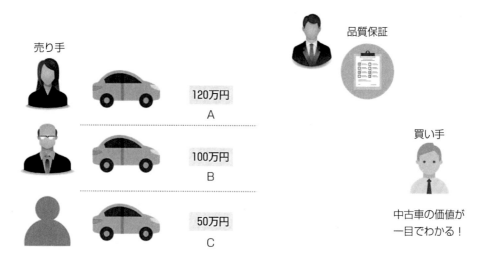

図表9－11　第三者による品質保証[9]

8）USSウェブサイト，オートオークションのご案内を参照。

9）民法570条を参照。

補 論　不完全情報と不完備情報

　第8章でも触れましたが，経済学に応用されるゲーム理論というものがあります。不完全情報と不完備情報はゲーム理論の用語です[10]。

　完全情報と不完全情報の違いを将棋とポーカーを例に説明します。駒を交互に動かす将棋というゲームは，自分の手番までに動かされた駒が盤上に置かれています。持ち駒も相手に見えるよう駒台に置かれています。プレーヤーは将棋のルールを知っています。このような状態を完全情報といいます。トランプのポーカーというゲームは，対戦相手に配られた札も対戦相手が捨てた札もわかりません。しかし，プレーヤーはポーカーのルールを知っています。このような状態を不完全情報といいます[11]。

　つづいて，完備情報と不完備情報の違いを説明します。完備情報とは，プレーヤー全員がゲームのルール，プレーヤー全員のとりうる戦略，プレーヤー全員の利得表を知っている状態です。将棋もポーカーもこれらの条件を満たしますので，完備情報のゲームです。これに対して不完備情報とは，プレーヤーの利得がわからない状態です。将棋であれば，相手の王将を取ると勝つのか飛車を取ると勝つのかわからない状態です。ポーカーであれば，ワンペアとフォーカードのいずれが強いのかわからない状態です。不完備情報下ではゲーム理論を使えません[12]。

　現実の社会では，相手の利得表はわからないことがほとんどです。本章でみた中古車の市場では，買い手は売り手の出品する中古車の価値がわかりません。次章でみる労働市場では，企業は求職者のタイプがわかりません。

---

10) この補論はMyerson（2004）を参照して作成した。

11) Harsanyi（1995, p.297）はPersonal MoveとChance Moveに関する情報の有無が完全情報と不完全情報を分けると述べている。将棋に似たチェスというゲームについては小林監訳（1998, p.459），村井・北川訳（2020, p.502），Neumann and Morgenstern（1944, p.125），Simon（1972, pp.165-171）等を参照。Simon（1972）はチェスの最善手を探索し尽くすための計算量が10^{120}の規模であると指摘している。そして，この規模の探索が不可能な現実世界でよりよい候補手を選ぶ手順としてMove Generators（今後生じうる局面の生成），Evaluators（生成された局面の順位づけ），Stop Rules（限られた考慮時間と計算労力を所与とした心理学的要求水準）を提案している。彼による限定合理性の概念はSatisficing（Good Enoughを表すスコットランドの言葉）を目標としている。この手順は最新のAI型将棋ソフトも踏襲しているようである。

12) Neumann and Morgenstern（1944, p.30）を参照。Harsanyi（1967）は，プレーヤーの信念が他プレーヤーの信念に影響を与え，他プレーヤーの信念がまたそのプレーヤーの信念に影響を与えるという無限の反響効果が不完備情報の問題だと指摘している。

　不完備情報の現実を，ゲーム理論で分析するにはどうすればよいか。この問いに答えたのがハーサニという人でした[13]。彼は，不完備情報を利得表の不確実性として記述することで不完全情報に変換するトリックを思いつきました。将棋であれば，王将を取られたら負けという人と対戦する確率が50％，飛車を取られたら負けという人と対戦する確率が50％などと記述します。手番が進むにつれ，王将を守ろうとしているのか，飛車を守ろうとしているのか，対戦相手のタイプがだんだんみえてきます。本章で分析した中古車の市場も，思考実験を進めるにしたがい，事故車を出品する人が残ることがだんだんみえてきます。

　ハーサニ変換によって，不可能とされてきた不完備情報ゲームの分析ができるようになりました[14]。第3部で紹介する理論はハーサニ変換の恩恵を受けています[15]。

13) Harsanyi（1967, 1968a, 1968b, 1995）を参照。

14) Harsanyi（1967）を参照。Common KnowledgeについてはAumann（1976）を参照。

15) Management Scienceという学術雑誌の2004年12月号（Ten Most Influential Titles of "Management Science's" First Fifty Years）にHarsanyi（1967）が再録された。

参考文献

・廣嶋清志『現代日本人口政策史小論 (2)：国民優生法における人口の質政策と量政策』国立社会保障・人口問題研究所 人口問題研究，160, 61-77, 1981年。

・Lippmann, Walter 著，掛川トミ子訳『世論』上，岩波書店，2018年。

・Locke, John 著，加藤節訳『キリスト教の合理性』岩波書店，2019年。

・Menger, Carl 著，福井孝治・吉田昇三訳，吉田昇三改訳『経済学の方法』近代経済学古典選集 5，日本経済評論社，1986年。

・Menger, Carl 著，八木紀一郎・中村友太郎・中島芳郎訳『一般理論経済学』1，遺稿による『経済学原理』第 2 版，みすず書房，2015年。

・Menger, Carl 著，八木紀一郎・中村友太郎・中島芳郎訳『一般理論経済学』2，遺稿による『経済学原理』第 2 版，みすず書房，1991年。

・Pareto, Vilfredo Frederico Damaso 著，川崎嘉元訳『エリートの周流 ―社会学の理論と応用―』垣内出版，1987年。

・Smith, Adam 著，村井章子・北川知子訳『道徳感情論』日経BP社，2020年。

・Steuart, James 著，小林昇監訳『経済の原理 ―第 1・第 2 編―』名古屋大学出版会，1998年。

・Akerlof, George Arthur, 1970, The Market for "Lemons": Quality Uncertainty and the Market Mechanism, Quarterly Journal of Economics, 84, 3, 488-500.

・Arrow, Kenneth Joseph, 1984, The Economics of Agency, Technical Report, 451, Stanford University.

・Aumann, Robert John, 1976, Agreeing to Disagree, Annals of Statistics, 4, 6, 1236-1239.

・Harsanyi, John Charles, 1967, Games with Incomplete Information Played by "Bayesian" Players, I-Ⅲ. Part I. The Basic Model, Management Science, 14, 3, 159-182.

・Harsanyi, John Charles, 1968a, Games with Incomplete Information Played by "Bayesian" Players, I-Ⅲ. Part Ⅱ. Bayesian Equilibrium Points, Management Science, 14, 5, 320-334.

・Harsanyi, John Charles, 1968b, Games with Incomplete Information Played by "Bayesian" Players, I-Ⅲ. Part Ⅲ. The Basic Probability Distribution of the Game, Management Science, 14, 7, 486-502.

・Harsanyi, John Charles, 1995, Games with Incomplete Information, American Economic Review, 85, 3, 291-303.

・Hurwicz, Leonid, 1973, The Design of Mechanisms for Resource Allocation, American Economic Reviw, 63, 2, 1-30.

・Jaffe, William, 1967, Walras' Theory of Tatonnement: A Critique of Recent Interpretations, Journal of Political Economy, 75, 1, 1-19.

・Myerson, Roger Bruce, 2004, Comments on "Games with Incomplete Information Played by 'Bayesian' Players, I-Ⅲ": Harsanyi's Games with Incomplete Information, Management Science, 50, 12, 1818-1824.

・Neumann, John von, and Oskar Morgenstern, 1944, Theory of Games and Economic Behavior, Princeton University Press.

・Simon, Herbert Alexander, 1972, Theories of Bounded Rationality, in McGuire, C.B., and Roy Radner, ed., Decision and Organization, A Volume in Honor of Jacob Marschak, North Holland, Amsterdam, Chapter 8.

・Walker, Donald A., 1987, Walras's Theories of Tatonnement, Journal of Political Economy, 95, 4, 758-774.

─第10章─

労 働 契 約

　前章では中古車の市場を例に不完全情報の問題について考えました。本章では，労働契約を結ぶときと労働契約を結んだ後，それぞれの場面で不完全情報が引き起こす問題について考えます[1]。

1 契約時の問題

　会社の採用担当者は，多くの求職者からできるだけ効率よく自社の仕事内容や社風にあった人を雇おうとします。しかし，これまでともに働いたことがない人の内実（仕事の知識，仕事に取り組む姿勢，望む働き方など）を知りませんので，どの人が自社と合うのかわかりません。

　求職者は，多くの会社からできるだけ効率よく自分にあった会社を選ぼうとします。しかし，これまで働いたことのない会社の内実（必要とされる知識，勤務条件，月給，社風，福利厚生など）を知りませんので，どの会社が自分と合うのかわかりません。

<table>
<tr><td align="center">会　社</td><td></td><td align="center">求職者</td></tr>
<tr><td align="center">自社に合った人を
効率よく採用したい</td><td align="center"></td><td align="center">自分に合った会社を
効率よく見つけたい</td></tr>
</table>

図表10－1　労働契約時の問題

1）労働契約とは，従業員が雇い主のために働き，雇い主が従業員に賃金を払うという契約である。労働基準法9条から11条を参照。

　このように，会社と求職者はともに「必要なことすべてを知らない」不完全情報の状態にあります。お互いをよく知らないまま労働契約を結ぶと，「こんなはずではなかった」というミスマッチが生じてしまいます。ミスマッチを減らす工夫のうち，求職者が自らの内実を会社に知らせる工夫をシグナリングといい，会社が求職者に内実を明らかにしてもらう工夫をスクリーニングといいます。以下，これらの装置の活用例を紹介します。

　まず，学歴，資格，経験というシグナリング装置を紹介します。学歴は求職者本人の資質と求職者の生活環境を映すシグナルです。求職者が「一流大学」の学生であれば，他の人には真似できない努力をつづけてきた人であり，また本人の努力を後押しする安定した環境で生活してきた人だと想像できます。資格は仕事に対する適性を示すわかりやすいシグナルです。求職者が金融関連の資格を保有していれば，以前から金融機関の仕事に興味があり，必要とされる基礎知識を身につけた人であることがわかります。経験はより総合的な関心度を示すシグナルです。たとえば，出版社でアルバイトをしたことがある人は，出版の仕事のよい面も大変な面も知った上で応募していると想像できます。

　意欲の高い人は学歴，資格，経験のようなシグナルを送る準備を在学中からしています。一方，意欲の低い人は，何が有効なシグナルなのか気にかけなかったり，シグナルを獲得するのに苦労したりします。意欲の低い人が送れないシグナルを送れる人，能力の低い人が獲得できないシグナルを送れる人は，会社に強い印象を与えます。

学　歴　　　　　　　　資　格　　　　　　　　経　験

図表10－2　求職者のシグナリング

　つづいて，応募要件，勤務条件，賃金体系というスクリーニング装置を紹介します。会社は募集の際に「複数のプログラミング言語を習得していること」などと応募要件をつけることがあります。この要件を示せば，プログラミングの経験がある人だけ応募するようになります。経験がない人は応募しなくなりますので，採用効率は格段に上がります。また，「採用地のみの勤務で転勤はありません」「全国勤務です」などと勤務条件を指定することがあります。条件をみて，地元を離れたくない人は転勤がない会社に，全国規模で活躍したい人は勤務地が指定されない会社に応募するようになります。「35歳時点で同期入社の年収に20％の差が出ます」という年収偏差を提示することもあります。提示をみて「やりがいがありそう」と思う人は応募し，「競争が激しくて大変そう」と思う人は応募を

とりやめます。

　このように，スクリーニングは求職者に自らの内実を明らかにするよう仕向けるしかけです。うまく機能すれば，会社が望む人だけ応募するようになります。応募者のほぼすべてが望ましい人であれば採用効率は上がります。「記念応募」が多い会社はスクリーニング装置を活用すべきでしょう。

応募要件　　　　　　　　勤務条件　　　　　　　　賃　金

図表10－3　会社のスクリーニング

　経済学が提案するシグナリングやスクリーニングがうまく機能しないこともあります。たとえば，大多数の会社が大卒を入社条件にしたとします。すると「大学に進学しないと将来生活ができなくなる」との空気が社会に広がり，本来高卒でよかった人も無理に大学に進学するようになります。みなが大卒になれば，大卒は違いを示すシグナルとしての機能を失います[2]。

　会社がほどよい待遇差をつけて高卒も採用すれば，「高卒でも十分生活できる」という空気が広がり，学びは高校まででよいという人は高卒で働きますし，さらに学びを深めたいという人は大学に進学します。結果として，大卒は高度な学問を修めた信頼度の高いシグナルとして再び機能するようになります。なにごともほどよい頃合いがあるようです[3]。

────────────────────

2）詳細は本章後段の理論編を参照。2022年1月，東京大学農学部正門前で痛ましい事件が起きた。入試のカンニングも報じられている。昨今の受験制度は合格者に浅い選民意識，不合格者に深い劣等感を植え付け，大学で学ばないことの免罪符にもなっている。
　　「教育によって，国は少なからぬ利益を得られる。無知な民族では，狂信や迷信によって社会が大混乱に陥ることがあるが，教育が進めば，これらに惑わされにくくなる。それに，教育を受けた知的な人は，無知で愚かな人より，かならず礼儀ただしく，秩序を守る」（山岡訳,2010,p.374）とは皮肉であり，「彼らの多くは，ほとんど誰もいない教室で講義をし，学生は機械的に膨れ上がったノートを試験前に暗記した。かくて学生のほとんどは，生活にとって本来有用な知識を十分に得ることができなかった。彼らは暗記で覚えた公式を数カ月後に忘れてしまったのである。多くの人々にとって，これが「純粋理論」の実際的結果である」（田村訳,2002,p.64）というのが現実に近い。本来公共善を提供すべき大学はごまかし，阿り，自己陶酔の府と化している（森嶋,2020,p.200）。
3）高卒でプロ野球に入団してじっくり鍛えた選手と同様，高校までしっかり学んだ高卒の人は会社の重要な戦力になっているようである。各人が良いと思う進路に無理なく進める社会に

❷ 契約後の問題

　労働契約を結んだ後，会社の経営陣は，従業員に会社の方針にしたがって働いてほしいと考えています。一方，従業員は，会社が目指すべき方向性についてさまざまな意見を持ちます。それ自体は自然なことですが，会社の方針と従業員の気持ちのずれをそのままにしておくと，会社の潜在力を十分発揮できないことがあります。

　経済学では，他の人に何かをしてもらう立場をプリンシパル，他の人のために何かをする立場をエージェントといいます。プリンシパルとエージェントの認識がずれていることから生じる問題をエージェンシー問題といいます。労働契約後に経営陣と従業員の間に生じるのは典型的なエージェンシー問題です[4]。

　この問題を和らげる工夫のうち，経営陣が従業員のふるまいを観察できる領域を広げることをモニタリングといい，従業員に会社の目標に向かって頑張って働いてもらうしかけをインセンティブといいます。以下，これらの装置の活用例を紹介します。

経営陣　　　　　　　　　　　　　　　　　　従業員
（プリンシパル）　　　　　　　　　　　　（エージェント）

会社の方針にしたがって　　　　　　　配属された部署の事情や
働いてほしい　　　　　　　　　　自分の生活目標を優先したい

図表10－4　労働契約後の問題

　まず，GPSというモニタリング装置を紹介します。GPS（Global Positioning System）とは人工衛星を利用した位置情報サービスです[5]。営業職や運転業務の人にこれを持たせれば，いつどこにいるのかリアルタイムでわかります。最新のシステムでは，位置情報のみならず燃料の使用状況や急ブレーキ・急発進の有無などの運行情報も管理できるようです。GPSを持たされる従業員の心理的負担はとても重いですが，日報を自動生成したり，配送の最適ルートを割り出したり，荷物の送り手と受け手双方の安心感を高めたりという付加価値が生まれています。

　　すべきである。教育の機会費用については小泉他訳（1981, pp.219-221）を参照。

4）従業員が会社の目を盗んでサボる場面より，従業員の気持ちが会社全体の経営方針と一致しないために会社の全体最適が実現しない場面を想定するほうが自然である。

5）矢野経済研究所（2023）によれば，2021年の国内MaaS市場の規模は4,900億円ほどである。同レポートはMaaSビジネスの難しさを伝えている。

　つづいて，従業員持株制度と業績給というインセンティブ装置を紹介します。従業員持株制度とは，自社の株式を購入して従業員が株主になる制度です。株価が上がると自らの資産が増えますので，従業員は株主価値を高めるために熱心に働くようになります。業績給とは，会社の売上や利益に連動する給与です。業績が良いとき給与は多く，業績が悪いとき給与は少なくなります。良い業績が多い給与につながりますので，業績を良くしようという機運を高めることができます。

GPS　　　　　　　　　従業員持株会　　　　　　　　業績給

図表10－5　モニタリングとインセンティブ

　経済学が提案するモニタリングやインセンティブがうまく機能しないこともあります。モニタリングを配合しすぎると，ひと握りのトップ層が大多数の従業員をロボットのように扱うSF小説のような会社になります。「ロボットとしてふるまうことが仕事だよ」と言われて，意欲的に働く人はいません。また，「あの会社は働く人をロボットとして扱う」という噂が広がれば，優秀で能動的な人はその会社で働かなくなります。モニタリングには従業員のやる気を削ぎ，優秀な人材から疎まれるという問題があります[6]。

　インセンティブを配合しすぎると，従業員を「冒険的」行動にかりたててしまいます。ボーナスのために業績をごまかしたり，後に明るみに出る不祥事の種をまいたりしていては，何をしているのかわかりません。また，営業や製造の部門の成果は比較的わかりやすいので業績給を設計しやすいですが，総務や人事の部門の成果はわかりにくいので業績給を設計しにくいという問題もあります。インセンティブには不祥事のリスクを高め，部門別に異なる評価基準を採用することで社内のまとまりがなくなるという問題があります[7]。

---

6) 店員から怪訝な顔をされないように，客が店のマニュアルを先読みしてふるまうことすらある。客までロボット化してはSF小説である。J. ベンサムが提唱したパノプティコンという奇妙な監視システムについては小松（2002），永井（2003, pp.204-213）を参照。
7) 金融機関でスター・トレーダーとして高給を得ていた人が，金融危機で仕事がなくなり一般従業員と同じ給与体系にしてほしいと懇願し，社内の顰蹙を買った事例を仄聞した。

❸ 労働契約の理論

　ここまで紹介してきた契約時，契約後の問題を和らげる装置のうち，シグナリングとインセンティブの理論を紹介します。はじめて経済学を学ぶ人には難しい部分があるかもしれません。必要に応じて参照してください[8]。

◇シグナリングの理論

　ある会社が新卒採用することを考えます[9]。求職者にはHとLの2タイプがいます。図表10－6の左図が示すように，タイプHは企業に1.25の収益をもたらし，タイプLは企業に1の収益をもたらします。これらの数値はHがLより25%優秀であることを意味します。

　会社は能力に応じた初任給を払いたいと考えていますが，求職者のタイプがHかLかはわかりません。給与設定のために「必要なことすべてを知らない」不完全情報の状態にあります。会社が知ることができるのは，履歴書に書いてある学歴，資格，経験などのシグナルだけだとします。このシグナルの強さを Y とおきます。

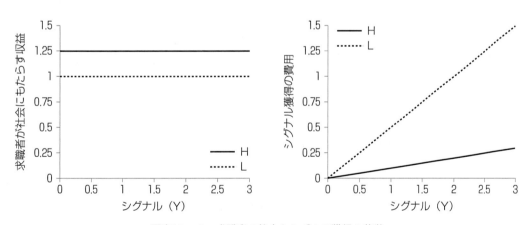

図表10－6　求職者の能力とシグナル獲得の苦労

---

8) スクリーニングについてはStiglitz（1975）等を，モニタリングについてはShapiro and Stiglitz（1984）等を参照。本書初版では経済モデルを事例と同じ節で紹介したが，読者から「難しすぎる」との指摘を受けた。本版では章の後段にまとめた。

9) Spence（1973, 2002）を参照して例を作成。属性に関する私的情報を持つ側が自発的に属性を明かすことを自己選択（Salop and Salop, 1976）という。Spence（1976）はシグナルと能力が独立であるという仮定を外して分析している。

　学歴，資格，経験を獲得するのは楽ではありません。Hが強さ Y のシグナルを獲得する苦労を $0.1Y$，Lが強さ Y のシグナルを獲得する苦労を $0.5Y$ とおきます。係数の0.1と0.5は，図表10－6の右図が示すように，同じ強さのシグナルを獲得するのにLはHの5倍苦労することを意味します。

　このとき，図表10－7の左図のように，$Y<1.25$ の人に1の，$Y\geqq1.25$ の人に1.25の初任給を設定すればHに高い給与を，Lに低い給与を払うことができます。右図でこの点を確認しましょう。縦軸にとった求職者の利得とは初任給とシグナル獲得の苦労の差です。Hはシグナルの強さを1.25にすると1.125の利得が得られます。それを超えてシグナルを強めると利得は減ります。シグナルの強さを0にすると1の利得を得ますが，シグナルが1.25であるときの利得より低い水準にとどまります。よって，Hはシグナルの強さを1.25にします。Lはシグナルの強さを0にする（何もしない）と1の利得を得ます。0からシグナルを強めると利得は減ります。シグナルの強さが1.25のとき利得は上にジャンプしますが，0のときの利得より低い水準にとどまります。よって，Lはシグナルの強さを0にします。不完全情報の状態のままでも，シグナルをうまく賃金体系に関連づけることができれば，能力別に初任給を払うことができます[10]。

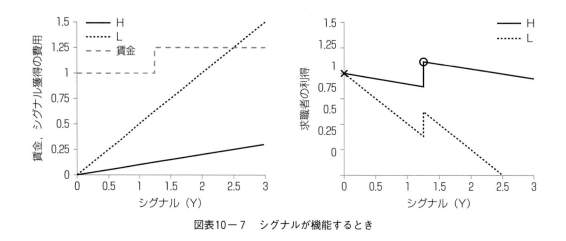

図表10－7　シグナルが機能するとき

　図表10－8の左図は図表10－7の左図より初任給の段差を大きくしています。これは上で述べた「大学を卒業しないとまともな生活ができない」との空気が広がった状態を表しています。この場合にはLも努力をしてHと同じシグナルを獲得すること（無理に大学に進学すること）が最適になります。ただし，求職者みなが同じシグナルを発すると，シグナルから何も読み取れなくなり，会社は能力別に給与を払うことができなくなります。

10）　会社のもうけがゼロとなる分離均衡を示した。他にも無数の均衡が存在する。図表10－7を分離均衡，図表10－8を一括均衡という。分離均衡についてはGroves（1973, p.621）等を，Signaling Gameの詳細はFudenberg and Tirole（1991），小平（2015）等を参照。

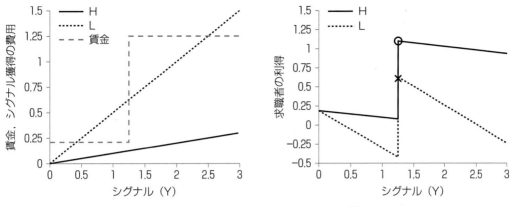

図表10－8　シグナルが無効になるとき[11]

◇インセンティブの理論

　ある会社は，図表10－9のように，確率50％で1.75，確率50％で1.25の収益が得られ
ます。この会社は得られた収益から従業員に1.25の固定給を払います。会社のもうけは収
益と給与の差です。収益が高いとき0.5，収益が低いとき0を得ます。

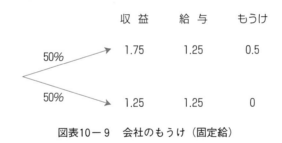

	収　益	給　与	もうけ
50%	1.75	1.25	0.5
50%	1.25	1.25	0

図表10－9　会社のもうけ（固定給）

　会社の期待収益は，次式のように1.5と計算されます。

$$50\% \times \underset{\text{高収益}}{1.75} + 50\% \times \underset{\text{低収益}}{1.25} = 1.5$$

　会社のもうけは期待収益と固定給の差ですから，0.25になります。

$$\underset{\text{期待収益}}{1.5} - \underset{\text{固定給}}{1.25} = 0.25$$

　会社は，従業員が現状より頑張ると期待収益が高まることを知っているとしましょう。
ここでは図表10－10のように，高い収益を得る確率が50％から70％へ上がるとします。

---

11) 学問に必要なのは選民意識ではなく，研究対象への謙虚さと素直な好奇心である。

120 ─────◎

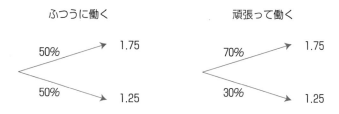

図表10−10　従業員の頑張りと会社の収益

このとき，従業員が頑張ると期待収益が1.6に改善します。

$$70\% \times \underbrace{1.75}_{\text{高収益}} + 30\% \times \underbrace{1.25}_{\text{低収益}} = 1.6$$

　期待収益が高まるので，会社は従業員に頑張って働いてもらいたいと考えています。しかし，従業員が頑張ったかどうかは観察できません。頑張らせるために「必要なことすべてを知らない」不完全情報の状態にあります。この問題を解消すべく，会社は業績給を導入することにしました。業績給とは，収益に連動した給与を払うことです。ここでは，会社の収益が高いときにH，低いときにLの給与を払うとします。収益と給与の差である会社のもうけは，収益が高いとき $1.75 - H$，低いとき $1.25 - L$ となります。

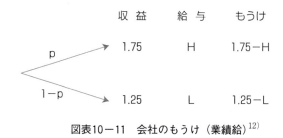

図表10−11　会社のもうけ（業績給）[12]

　従業員は頑張って働くと疲れます。従業員の疲労を0.05という数値で表しましょう。このとき，従業員が固定給から業績給への変更を受け入れる条件（参加条件）は

$$\underbrace{70\% \times H + 30\% \times L}_{\substack{\text{従業員が頑張ったときの} \\ \text{業績給の期待値}}} - \underbrace{0.05}_{\substack{\text{頑張る} \\ \text{疲労}}} \geqq \underbrace{1.25}_{\text{固定給}}$$

12）高収益の確率pは従業員が頑張って働くとき0.7，ふつうに働くとき0.5の値をとる。

従業員が頑張る条件（インセンティブ条件）は

$$\underbrace{70\% \times H + 30\% \times L}_{\substack{\text{従業員が頑張ったときの} \\ \text{業績給の期待値}}} - \underbrace{0.05}_{\substack{\text{頑張る} \\ \text{疲労}}} \geqq \underbrace{50\% \times H + 50\% \times L}_{\substack{\text{従業員が頑張らなかった} \\ \text{ときの業績給の期待値}}}$$

インセンティブ条件を変形すると

$$70\% \times H + 30\% \times L - 0.05 \geqq 50\% \times H + 50\% \times L$$

$$(70\% - 50\%) \times H + (30\% - 50\%) \times L \geqq 0.05$$

$$H - L \geqq \frac{0.05}{20\%}$$

この不等式を言葉で表すと

$$\text{収益に連動する給与の差} \geqq \frac{\text{頑張る疲労}}{\text{頑張ることで高まる高収益の確率}}$$

$H - L \geqq 0.25$ となるように業績給を設定すればよいということになります。そこで

$$H = x + 0.25, \quad L = x$$

とおきます。これを従業員の参加条件に代入します。

$$70\% \times H + 30\% \times L - 0.05 \geqq 1.25$$

$$70\% \times (x + 0.25) + 30\% \times x \geqq 1.3$$

$$x \geqq 1.125$$

　会社は従業員が納得する最少の給与（$x = 1.125$）を選べるとしましょう[13]。この x の値を H と L に代入すると，次の結果が得られます。

$$H = 1.375, \quad L = 1.125$$

---

13) 会社がTake-it-or-Leave-it Offerをする（最大の交渉力を持つ）仮定の下での均衡を示した。他にも無数の均衡が存在する。多様なOfferの原型は八木他訳（1991）第7章第1節を参照。

　業績給を払うとき，もうけは次式のように0.3となります。固定給のときと比べて0.05増えました。

$$\underbrace{1.6}_{\text{期待収益}} - \underbrace{(70\% \times 1.375 + 30\% \times 1.125)}_{\substack{\text{従業員が頑張ったときの} \\ \text{業績給の期待値}}} = 0.3$$

　業績給のもとで頑張って働くとき，従業員の期待給与は1.3となります。頑張る疲労を差し引くと，固定給のときと同じだけもらえることがわかります。

$$\underbrace{70\% \times 1.375 + 30\% \times 1.125}_{\substack{\text{従業員が頑張ったときの} \\ \text{業績給の期待値}}} - \underbrace{0.05}_{\substack{\text{頑張る} \\ \text{疲労}}} = 1.25$$

　固定給から業績給へ変更すると，不完全情報のままで従業員が頑張り，会社の収益は高まります[14]。頑張れば結果を変えられる人に与える動機づけ，これがインセンティブです[15]。

14）「誰が変動を負担するか」という問題をリスクシェアリングという。リスクシェアリングについてはStiglitz（1974）を参照。

15）河野訳（2018, p.59）に「耕作者がきわめて僅かなものしか支拂わないオランダやイギリスにおいて，また耕作者が全然支拂わないシナにおいては，特に土地が最も良く耕作されている。反對に，農民が畑の生産物に比例して，義務を負わされるところでは，何處でも，彼はそれを荒地にしておくか，または丁度生きるに必要なだけしか作らない。なぜなら，骨折りの成果を失ってしまう人にとっては，何もしないほうが得だからだ。そして勞働に罰金をつけるとは，怠惰を取りのぞくにしては，大變奇妙なやり方である」（訳文のまま引用）とある。
　　最近政府で議論されている労働の法制と税制の変更はインセンティブを弱め，購買力も奪うものである。上手くゆかないであろう。

参考文献

・小平裕『信号発信と選抜』成城大学経済研究，210，213-245，2015年。

・小松佳代子『J. ベンサム『パノプティコン』再考』流通經濟大學論集，37，2，19-29，2003年。

・永井義雄『ベンサム』イギリス思想叢書７，研究社，2003年。

・森島恒雄『魔女狩り』岩波書店，2020年。

・矢野経済研究所『国内MaaS市場に関する調査を実施（2023年）』2023年４月28日ウェブ掲載記事・2023年５月１日閲覧。

・Jevons, William Stanley著，小泉信三・寺尾琢磨・永田清訳，寺尾琢磨改訳『経済学の理論』近代経済学古典選集４，日本経済評論社，1981年。

・Menger, Carl著，八木紀一郎・中村友太郎・中島芳郎訳『一般理論経済学』２，遺稿による『経済学原理』第２版，みすず書房，1991年。

・Schmoller, Gustav von著，田村信一訳『国民経済，国民経済学および方法』近代経済学古典選集【第２期】２，日本経済評論社，2002年。

・Smith, Adam著，山岡洋一訳『国富論 国の豊かさの本質と原因についての研究』下，日本経済新聞出版社，2010年。

・Rousseau, Jean-Jacques著，河野健二訳『政治経済論』岩波書店，2018年。

・Fudenberg, Drew, and Jean Tirole, 1991, Game Theory, MIT Press.

・Groves, Theodore, 1973, Incentives in Teams, Econometrica, 41, 4, 617-631.

・Salop, Joanne, and Steven Salop, 1976, Self-Selection and Turnover in the Labor Market, Quarterly Journal of Economics, 90, 4, 619-627.

・Shapiro, Carl, and Joseph Eugene Stiglitz, 1984, Equilibrium Unemployment as a Worker Discipline Device, American Economic Review, 74, 3, 433-444.

・Spence, Andrew Michael, 1973, Job Market Signaling, Quarterly Journal of Economics, 87, 3, 355-374.

・Spence, Andrew Michael, 1976, Competition in Salaries, Credentials, and Signaling Prerequisites for Jobs, Quarterly Journal of Economics, 90, 1, 51-74.

・Spence, Andrew Michael, 2002, Signaling in Retrospect and the Informational Structure of Markets, American Economic Review, 92, 3, 434-459.

・Stiglitz, Joseph Eugene, 1974, Incentives and Risk Sharing in Sharecropping, Review of Economic Studies, 41, 2, 219-255.

・Stiglitz, Joseph Eugene, 1975, The Theory of "Screening," Education, and the Distribution of Income, American Economic Review, 65, 3, 283-300.

─────────── 第11章 ───────────

企 業 金 融

　前章では労働契約を例に不完全情報の問題について考えました。本章では，企業金融を例に考えます。

❶　会社の決算書

　企業金融について考える前に，会社の決算書について簡単に触れておきます。経済学を学ぶ私たちにとって損益計算書とは，会社の売上が利害関係者に分配されるようすを表す書類です。仕入れた商品を消費者へ売る小売業を例に説明します。売上から商品の仕入代金を払った後に残る金額を売上総利益といいます。売上総利益から従業員の給与に充てて残る金額を営業利益といいます。営業利益から借入金の利息や社債の利子を払った後に残る金額を税引前当期純利益といいます。税引前当期純利益がプラスであるときには，法人税を払う必要があります。税引前当期純利益から法人税を払った後に残る金額を当期純利益といいます。株主に帰属する利益は当期純利益です。

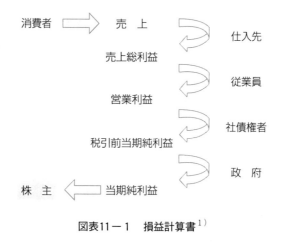

図表11-1　損益計算書[1]

─────────────────────

1 ）会社計算規則87条から94条を参照して，説明に必要な部分だけ図表にした。以下の図表も同様である。森訳（2014, p.259）に「普通株主は会社の利潤のすべてにたいして参加すること

　当期純利益が株主に還元されるようすを表す書類を株主資本等変動計算書といいます。前期末の利益剰余金が1,000億円であったとしましょう。配当額が50億円，当期純利益が100億円であれば，当期末の利益剰余金は1,000億円－50億円＋100億円＝1,050億円となります。期末の利益剰余金は次期以降に配当として株主に還元されるか，会社に貯めおかれてビジネスの元手になります。

前期末の利益剰余金	1,000億円
剰余金の配当	50億円
当期純利益	100億円
当期末の利益剰余金	1,050億円

図表11－2　株主資本等変動計算書[2]

　利益剰余金を含む株主の持ち分は貸借対照表の純資産の部に記録されます。図表11－3は純資産を表しています。過年度のもうけの蓄積である利益剰余金に株主が出資した金額（資本金と資本準備金）などを加えたものが株主資本です。株主資本に評価・換算差額等を加えたものが自己資本，自己資本に非支配株主持分などを加えたものが純資産です。

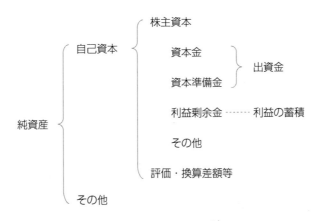

図11－3　純資産の部[3]

　を期待している。だがそれは，利潤が分配されることが決まり実際に分配されたとき，そして先順位証券への必要な処遇がすんだ後の参加である」とある。

2）会社計算規則96条を参照して作成。

3）会社計算規則76条，財務諸表等の用語，様式及び作成方法に関する規則59条から68条を参照して作成。

　会社による資金の調達と使途は貸借対照表に記録されます。図表11−4の右半分の長方形を貸方，左半分の長方形を借方といいます。貸方には資金の調達元を記録します。銀行から借りたり社債を発行して調達したりした金額は負債に計上します。株式を発行して得た出資金は純資産に計上します。借方には調達した資金の使途を記録します。工場を建てたのであれば工場の価額を，商品を仕入れたのであれば商品の価額を計上します。調達した資金のうち企業内部に貯めおかれているものは現預金に計上します。集めたお金とつかうお金の額は等しいので，貸方と借方はバランスします。それで，貸借対照表はバランスシートともいいます。

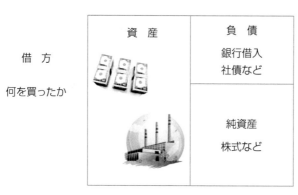

図表11−4　貸借対照表[4]

❷ 資金調達

　ビジネスをひろげるには資金が必要です。新たな工場を建てるのにも，本社ビルを建てるのにも多くの資金がいります。仕入れた商品を販売して売掛金が払い込まれるまで，在庫のための資金もいります。企業はさまざまな理由で資金を調達します。

　資金調達のしかたは，内部金融と外部金融に大別されます。内部金融とは，会社が貯めておいた現預金を事業に充てることです。外部金融とは，会社の外から資金を得ることです。外部金融には，銀行からお金を借りる方法，社債を発行して資金を調達する方法，株式を発行して出資金の形で資金を調達する方法などがあります。

4）会社計算規則72条から86条を参照して作成。津田訳（2016, p.33）は，財団の所有権（貸方）と使用権（借方）を区別している。

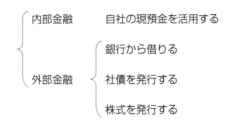

内部金融　　自社の現預金を活用する

銀行から借りる

外部金融　　社債を発行する

株式を発行する

図表11-5　資金調達の方法

　理論的には，会社の資産価値は資金調達の方法に影響を受けません。資産価値は，ビジネスの内容をよくすることでしか高められません。企業金融の議論の出発点となるこの考えを，提唱者にちなんでモジリアーニ・ミラーの定理といいます。

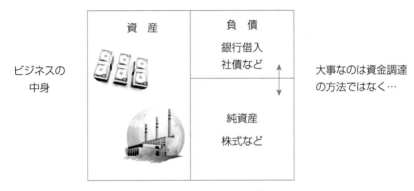

図表11-6　MM定理[5]

　では，経済学が企業金融について考えるのはなぜでしょうか。ハートという人は「現実はモジリアーニとミラーが想定した理想的な社会ではないから」と述べています[6]。これまでみてきたように，現実の社会では不完全情報がさまざまな問題を引き起こします。企業金融においても，不完全情報が引き起こす問題によって，特定の資金調達が望ましくなることがあります。以下，特定の資金調達が望ましくなる状況について考えます[7]。

5）Modigliani and Miller（1958）を参照。経済学は簿価ではなく，時価で考える。
6）鳥居訳（2011）を参照。不完備契約については次章で説明する。
7）本章次節以降は，本書初版で2章にわたって説明した内容をコンパクトにまとめたものである。情報量が見た目より多いので理解できる範囲でお読みいただければ幸いである。最適資本構成の分野には無数の研究がある。情報が資本構成に与える影響に関する研究は資本構成に関する膨大な研究蓄積の一部を構成するに過ぎないことに留意する。

③ 内部金融

　日本の会社は321兆円もの現預金を抱えています[8]。巨額の現預金を抱え込む会社は，金持ち企業ランキングで賞賛されることもあれば，「ROA（資産効率）が下がるので望ましくない」「熱心にビジネスに取り組んでいないから資金が余る」「従業員に還元すべきだ」「下請けいじめの結果だ」「もっと税金を納めて社会に貢献すべきだ」「配当として株主に還元していない」などと批判されることもあります。

　批判に対する会社側の反論に「内部金融に活用するため」というものがありますが，これには賛否両論あります。以下，賛否両方の意見を紹介します。

◇内部金融に反対

　まず，内部金融に反対する見解を紹介します。会社の規模が大きくなるにしたがい，経営者と株主の距離は遠くなります。バーリとミーンズの2人は，この現象を「所有と経営の分離」と表現しました[9]。彼らが分析した1920年代のアメリカは，Golden 20sと評されるダイナミックな時代でした。急速に進む工業化の中で，会社はファミリービジネスから社会の公器へ変貌しました。余裕資金を持ちはじめた大衆が株式を購入したため株主各人の持分比率は下がり，経営者の力が強まりました。株式投資の大衆化が一層進んだ第2次大戦後には，この傾向が顕著になりました。

図表11－7　所有と経営の分離

8）日本銀行，資金循環，2022年12月末時点の金融資産・負債残高表から，民間非金融法人企業の現預金のデータを取得。日本銀行調査統計局（2022, pp.3-20）によれば，民間非金融法人企業には，株式会社，持分（合名，合資，合同）会社，医療法人等が含まれる。
9）森訳（2014），鳥居訳（2011, p.170）を参照。

　所有と経営が分離した会社で生じうるエージェンシー問題の典型例が「パーク」という経営陣の役得です[10]。経営陣の応接室を不釣り合いに豪華にしたり，経営陣だけが乗れる特別仕様のジェット機を用意したりするのは古典的なパークです。企業価値を最大にしない買収をする，知り合いが経営する企業に自社製品を安値で売る，経営陣肝いりの低収益事業に集中投資する，経営の勘が鈍っても経営陣に居座りつづけることなども手の込んだパークです[11]。「この会社は長年の貢献に報いる」「この会社は功労者を切り捨てない」という評判を得るためのものであれば株主も納得するでしょうが，これみよがしのパークは株主の心証を害します。

　経営陣のパークを抑制するために，株主は利益剰余金を配当として還元するよう求めることがあります[12]。配当を出せば，社内に貯めおかれる現預金は少なくなりますので，パークのしようがなくなります。経済学ではこれをBird-in-Handといいます。捕えられるかわからない草むらの2羽の鳥より，確実に手中に収められる1羽の鳥のほうがよいということわざです。つまり，「お金に羽が生えてどこかへ飛んでいってしまう前に，配当として確実に捕獲しよう」という株主の気持ちを表す言葉です。

図表11−8　Bird-in-Hand[13]

◇内部金融に賛成

　つづいて，内部金融に賛成する見解を紹介します。ある会社が新株を発行して資金を募るとしましょう。新たに株式を発行すると資本金が増えることから，これを増資といいます。次ページの図表11−9は増資をして純資産（を構成する資本金および資本準備金）が増えるようすを表しています。

---

10)　パークとは英語のPerquisiteのことである（清水・堀内，2004，p.13）。パークについてはJensen and Meckling（1976）を参照。

11)　Shleifer and Vishny（1997, pp.740-748），Denis, et al.（1997），Myers（2001）を参照。永澤訳（1997, pp.95-101）にある生産的消費の概念も参照。

12)　配当の分配可能額については会社法461条を参照。

13)　La Porta, et al.（2002）はこの理論の包括的な検証である。

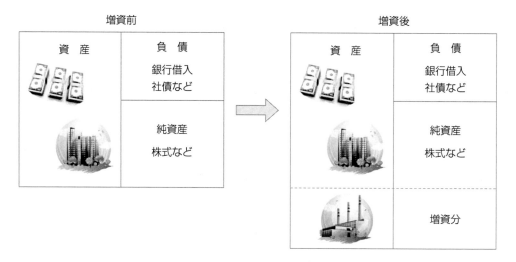

図表11－9　増　資[14]

　増資の際に注意すべきは，株価によって発行すべき株数が変わることです。10億円の増資を例に考えましょう。新株を1株500円で発行できるのであれば，200万株を発行して10億円を調達できます。しかし，1株400円でしか発行できないときには250万株も発行しないと10億円を調達できません。株価が100円下がるだけで，同じ10億円を調達するのに50万株も多く株式を発行しないといけなくなります。

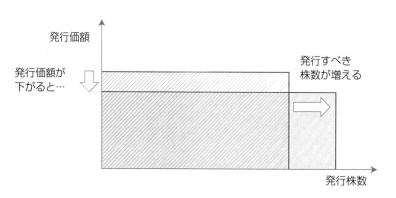

図表11－10　株価と増資

　新たに発行する株数が増えると既存株主の権利は薄まります。図表11－11のように，発行済株式総数の25％にあたる株数を会社が発行し，そのすべてを投資家Eが購入するとしましょう。新株発行後，既存株主A，B，C，Dの持ち株比率は25％から20％へ下がります。持ち株比率が5％ポイントも下がると，株主総会での発言力は目立って低下します。

14）会社法445条を参照して作成。

このため，株価が低いとき，大量の新株を発行する増資を既存株主は好みません。株主総会で既存株主に選出してもらった経営陣は，既存株主が好まない増資をしにくいです[15]。増資で資金調達しにくいときにも，会社内部に資金を貯めておけば新規ビジネスに投資できます。これが内部金融の利点です。

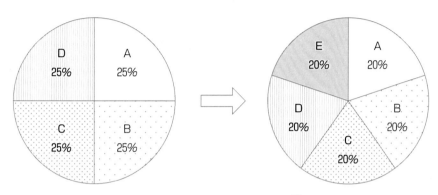

図表11－11　増資による希薄化[16]

　このように，「経営陣は既存株主の価値を最大化するのに忠実である」と思う人は内部金融のために会社が現預金を貯めこむことに賛成します。「経営陣は現預金を自分の役得のためにつかってしまうかもしれない」と思う人は，会社が現預金を貯めこむことに反対します。現実は，両論のせめぎ合いの中で，ある程度バランスしたところに落ち着いているようです。

④ 外部金融

　資金を外部から調達する外部金融について，社債と株式を例に考えます。図表11－1から，株主は社債権者が利払いを受けた後で残ったもうけを受け取ることがわかります。このことを「社債権者の弁済順位は高く，株主の弁済順位は低い」といいます。株主はすべての利害関係者に分配された後の「残り」を受け取る最も弱い立場にあります[17]。

---

15)　森訳（2014, p.240）に「無額面株式は，払込み価格が既存の株主持分を適切に守る性格を伴うようなものでなければならない」とある。森訳（2014, pp.230-241），八木他訳（1991, p.485）を参照。過少投資の理論についてはMyers（1984），Myers and Majluf（1984），Harris and Raviv（1991, p.307），佐々木（2019）第11章を参照。いわゆる「内部留保」については鈴木（2014）を参照。

16)　森訳（2014, p.130）に「すべての株式保有者が，持株に応じて支配あるいは議決権の比例的権利を有し，したがって会社の資産（剰余部分を含むこともある）にたいしても比例的権利を有する」とある。

　図表11－12は，社債と株式の弁済順位に留意して作成した企業価値の分配図です。左図はグラフの基本構造を表しています。横軸に資産，縦軸に社債（負債）と株式（純資産）をとります。上でみたように，貸借対照表は左右同額になりますので，企業価値に対応する株式と社債の価値は45°線上に表されます。右図は，会社が株式と社債だけで資金を調達したときの価値分配のようすです。企業価値が0からV^*のあいだにあるとき，企業価値に対応するのは社債だけです。企業価値がV^*を超えると，社債の価値はV^*で一定となり，残りは株式の価値になります。企業価値がV^*を超える領域で変化しても，株式がその衝撃を受け止めるクッションになるため，社債の価値は変わりません。これが弁済順位の意味するところです。

　以下，負債比率が低いときと高いときに分けて，株式と社債の使いかたを議論します。

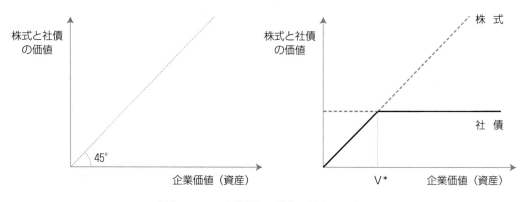

図表11－12　企業価値の社債と株式への分配

◇負債比率が低いとき

　図表11－13は，負債比率が低い会社の価値が社債と株式に分配されるようすを表しています。左図は企業価値と社債の価値の関係を表しています。企業価値は社債の額面（V^*）より十分に高い領域で増減しますので，社債の価値は企業価値の増減によらず一定になります。負債比率が低い会社の社債権者が経営に口出ししないのは，その必要がないためです。右図は企業価値と株式の価値の関係を表しています。株式の価値は企業価値とともに増減します。企業価値の増減がそのまま株式価値の増減になりますので，株主は企業価値の変動にとても敏感です。負債比率が低い会社の問題は，株主と経営陣のあいだの問題です。

17）このことから，株式をResidual Claimともいう。2023年3月20日の報道によれば，経営不振のCredit SwissがUnion Bank of Switzerlandに買収された際，株式より弁済順位が高いはずのAT1債が無価値になったとのことである。服部（2022）によれば，AT1債は「株式よりは相対的にリスクは低いという商品」とされてきた。スイス当局の対応はAT1債のみならず優先株等類似の証券，さらには銀行の資金調達全般に課題を残した。

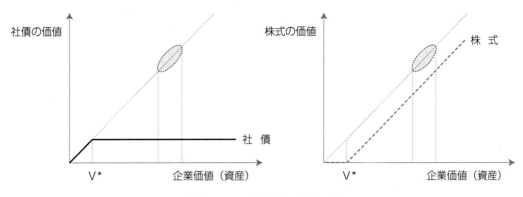

図表11－13　負債比率が低いとき

　毎年6月，多くの会社が株主総会を開きます。大半は事前の準備どおりに進行しますが，一部の総会では株主が経営上の提案をします。経営陣のパークが目に余ったり，経営手法が時流に合わなくなったりしていると感じた株主は，経営陣の刷新を提案します。Bird-in-Handの理論にもとづいて配当の増額を提案することもあります。このように，総会で積極的にふるまう株主を「物言う株主」といいます。

　物言う株主は巨額の資金を運用するファンドであることが多いです。米国カリフォルニア州職員の退職者年金を運用するCalPERSは，積極的にふるまうことで知られるファンドです。CalPERSは株式を大量に保有していますので，投資先会社の経営がおかしくなっても簡単に株式を売れません。「大株主のCalPERSが売る」という噂が流れるだけで，その会社の株は暴落してしまいます。売るに売れない立場の投資家は，株主総会で積極的に発言せざるをえない状況に追い込まれている，というのが実情です[18]。

　「経営がうまくいっている企業にがみがみ言うのはおかしい」というのは素朴な感想ですが，経済学をとおしてみると「経営がうまくいっているから，株主と経営陣の対立が先鋭化する」のだと理解できます。

◇負債比率が高いとき

　配当の増額より強いパーク防止の手段は，社債を発行することです。株式の配当は株主総会で決議すれば減額できますが，社債の利子を減額するのは難しいです。この点，社債は有無を言わせずパークの財源を経営陣からとりあげる強力な装置です[19]。加えて，社債を発行することは，「確実に元利払いができる」優良企業のシグナルにもなります[20]。

18）物言う株主についてはMaug（1988），Smith（1996）等を参照。株主が帰属利益に関して主張するのは構わないが，ESGや環境会計，人的資源会計で箸の上げ下ろしまで指導するのは行き過ぎではなかろうか。大株主独裁，内政干渉，選民による「教義」の強要になってしまう。株主は無色透明でなければならない。さもなくば上場する会社がなくなる。

19）Jensen（1986）はこれをコントロール仮説と表記している。

　では，社債を大量に発行すれば，企業金融の問題はすべて解決するのでしょうか。社債を大量に発行して負債比率が高まると，別の問題が生じないのでしょうか。

　図表11−14は，負債比率が高い会社の価値が社債と株式に分配されるようすを表しています。左図は企業価値と社債の価値の関係を表しています。企業価値は社債の額面（V^*）付近で増減します。企業価値が社債の額面を下回るということは，会社が債務超過に陥っていることを意味します。このとき，社債権者は経営に口を出すようになります。右図は企業価値と株式の価値の関係を表しています。企業価値が社債の額面を下回ると，株式は無価値になります[21]。

　負債比率が高いとき，株式の価値と社債の価値はいずれも企業価値の変動に左右されます。企業価値が社債の額面（V^*）を下回り，債務超過に陥るリスクがあるとき，企業価値を高める投資を実施しにくくなるという「過少投資」の問題が生じます[22]。

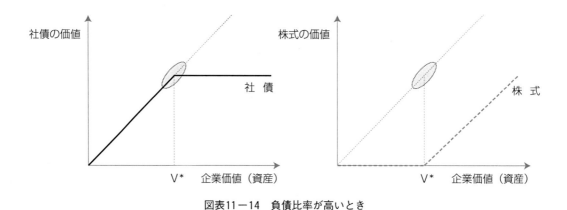

図表11−14　負債比率が高いとき

　実際の会社は，事業リスクの大きさに応じて負債比率を調整しているようです。図表11−15は負債比率を業種別に掲げたものです。卸売業や不動産業は比較的負債比率が高い業種です。卸売業は生産者から仕入れて小売業者へ販売する事業を営んでいます。この事業から得られる収益はそれほど変動しないと考えられます。仕入れから販売までの期間の在庫金融が重要になります。在庫金融の多くは借入れでまかなわれます。食品卸の大手である三菱食品の負債比率は75％ほどです。不動産業はマンションやビル，駐車場などを貸して収益を得ます。一定以上の入居率を確保できれば定期的に収益を得られますので，

---

20) Narayanan（1988）を参照。社債は発行時に元利払いのしかたを決めるので，経営陣によるパークの害をこうむりにくい。

21) 株主の有限責任については会社法104条を参照。

22) 負債比率が高いときに生じる過少投資の問題をDebt Overhangという。Myers（1977）を参照して若干含意を変えて例を作成した佐々木（2019）の第11章を参照。

負債比率が高い傾向にあります。証券取引所の建物などの賃貸事業を手掛ける平和不動産の負債比率は69％ほどです。

　化学工業や情報通信業は負債比率が低い業種です。化学工業には医薬品会社などが分類されます。医薬品の会社は長年多額の費用をかけて新薬の開発に取り組みます。開発が成功すれば特許期間中莫大な収益を得られますが，開発が失敗することもあります。このようなリスクの高い事業を実施するには負債比率を低く抑える必要があります。医薬品大手の第一三共の負債比率は40％ほどです。情報通信業にはネット企業などが分類されます。ネット上の新しいサービスやゲームは難しい事業です。開発したサービスやゲームが軌道に乗る確率は高くありませんので，試行錯誤しながら事業を進めています。サービスやゲームが幸運にも人気を得たとしても，競合他社がすぐ参入して競争が激しくなります。結果として，収益の振れ幅は大きくなります。リスクの高い事業を手がけるには負債比率を低く抑える必要があります。携帯ゲームの大手DeNAの負債比率は31％ほどです。

　リスクが大きい事業を営む会社は，債務超過を恐れず運営できるように，負債比率を低く設定します。リスクが小さい事業を営む会社は，経営陣を規律づけるために，負債比率を高く設定します[23]。

負債比率が高い業種		負債比率が低い業種	
卸売業	67%	化学工業	46%
不動産業	65%	情報通信業	47%

図表11－15　業種別の負債比率[24]

---

23) この点に関する実証研究はRajan and Zingales（1995），Hennessy（2004）等を参照。

24) 財務省，法人企業統計，2022年10-12月期調査から当期末の負債計と純資産計（資本金10億円以上）のデータを取得し，負債計/(負債計＋純資産計)を計算して掲げた。

参考文献

・佐々木浩二『ミクロ経済分析 ─はじめて学ぶ人へ─』創成社，2019年。

・清水克俊・堀内昭義『インセンティブの経済学』有斐閣，2004年。

・鈴木絢子『企業の内部留保をめぐる議論』調査と情報，836，1-13，2014年。

・日本銀行調査統計局『資金循環統計の解説』2022年。

・服部孝洋『AT1債およびバーゼルⅢ適格 Tier2債（BⅢT2債）入門 ─バーゼルⅢ対応資本性証券（ハイブリッド証券）について─』ファイナンス，財務省，14-24，2022年。

・Berle Jr., Adolf Augustus, and Gardiner Coit Means著，森杲訳『現代株式会社と私有財産』北海道大学出版会，2014年。

・Hart, Oliver著，鳥居昭夫訳『企業 契約 金融構造』慶應義塾大学出版会，2011年。

・Marshall, Alfred著，永澤越郎訳『経済学原理』第1分冊，岩波ブックサービスセンター，1997年。

・Menger, Carl著，八木紀一郎・中村友太郎・中島芳郎訳『一般理論経済学』2，遺稿による『経済学原理』第2版，みすず書房，1991年。

・Turgot, Anne-Robert-Jacques著，津田内匠訳『チュルゴ 経済学著作集』岩波書店，2016年。

・Denis, David J., Diane K. Denis, and Atulya Sarin, 1997, Agency Problems, Equity Ownership, and Corporate Diversification, Journal of Finance, 52, 1, 135-160.

・Harris, Milton, and Artur Raviv, 1991, The Theory of Capital Structure, Journal of Finance, 46, 1, 297-355.

・Hennessy, C. A., 2004, Tobin's Q, Debt Overhang, and Investment, Journal of Finance, 59, 4, 1717-1742.

・Jensen, Michael Cole, and William Meckling, 1976, Theory of the Firm: Managerial Behavior, Agency Costs, and Capital Structure, Journal of Financial Economics, 3, 305-360.

・Jensen, Michael Cole, 1986, Agency Costs of Free Cash Flow, Corporate Finance and Takeovers, American Economic Review, 76, 323-339.

・La Porta, Rafael, Florencio Lopez-de-Silanes, Andrei Shleifer, and Robert Ward Vishny, 2002, Agency Problems and Dividend Policies around the World, Journal of Finance, 55, 1, 1-33.

・Maug, Ernst, 1988, Large Shareholders as Monitors: Is There a Trade-Off between Liquidity and Control?, Journal of Finance, 53, 1, 65-98.

・Modigliani, Franco, and Merton Howard Miller, 1958, The Cost of Capital, Corporation Finance and the Theory of Investment, American Economic Review, 48, 3, 261-297.

・Myers, Stewart Clay, 1977, Determinants of Corporate Borrowing, Journal of Financial Economics, 5, 2, 147-175.

・Myers, Stewart Clay, 1984, The Capital Structure Puzzle, Journal of Finance, 39, 3, 575-592.

・Myers, Stewart Clay, 2001, Capital Structure, Journal of Economic Perspectives, 15, 2, 81-102.

・Myers, Stewart Clay, and Nicholas S. Majluf, 1984, Corporate Financing and Investment Decisions When Firms Have Information That Investors Do Not Have, Journal of Financial Economics, 13, 2, 187-221.

・Narayanan, M.P., 1988, Debt versus Equity under Asymmetric Information, Journal of Financial and Quantitative Analysis, 23, 1, 39-51.

・Rajan, Raghuram G., and Luigi Zingales, 1995, What Do We Know about Capital Structure? Some Evidence from International Data, Journal of Finance, 50, 5, 1421-1460.

・Shleifer, Andrei, and Robert Ward Vishny, 1997, A Survey of Corporate Governance, Journal of Finance, 52, 2, 737-783.

・Smith, Michael P., 1996, Shareholder Activism by Institutional Investors: Evidence from CalPERS, Journal of Finance, 51, 1, 227-252.

───第12章───

その他のトピックス

　本章では不完備契約，取引コスト，オークションなど，比較的新しい話題を紹介します。「経済学者が最近議論していること」の参考にしていただければと思います。

❶ 不完備契約

　起こりうるすべての状況を網羅した無限ページの契約を完備契約といい，起こりうるすべての状況を網羅していない契約を不完備契約といいます[1]。たとえば，「起こりうる出来事に対応する条項を「1が起きたらAをする，2が起きたらBをする，…」と列挙すると，契約書は百科事典のように分厚くなります。長大な契約書を作成できたとしても想定外の出来事は起こりえます。

プリンシパル　　　　　　エージェント

図表12-1　契約のむずかしさ

───

1）村上訳（2017, p.131），Hart（1988, 1995）を参照。桑原・前川訳（2015, pp.170-171）に「法の非柔軟性は，事が起こったさい，法がこれに適応するのを妨げ，ある場合には，法律を有害なものとし，危機にある国家をそれによって破滅させることにもなりうる。形式の〔要求する〕秩序と傲慢さとは，一定の時間を必要とするが，事情は時としてこれを許さない。立法者が少しも考えておかなかった場合が無数に起こりうるから，人はすべてを先見することはできない，ということに気づくことが，きわめて必要な先見なのである」とある。

　百科事典のように分厚い不完備契約書を取り交わしても，ひとたび想定外のことが起きると身動きが取れなくなります。これに代わる，簡素で効果的な契約を書くことはできないのでしょうか。

　ここでは，駅前の貸店舗を借りてパン屋を営むことを例に考えましょう。貸店舗の大家さんはプリンシパル，パン屋さんはエージェントの立場にあります。パン屋を開業すると様々な課題が生じます。販売するパンの種類を多くするか少なくするか，自家製で作るか仕入れて売るか，アルバイトを何人雇うか，チラシをまいて近隣の住民に宣伝するか，ポイントカードを作るか，特売日を設けるか，近隣にパン屋さんが出店したら値下げするかなどをその都度判断しなければなりません。これらすべてを開店前に予想して，契約に盛り込むことは不可能です。

　このとき，パン屋さんが頑張って働くようになる簡素な契約を書けるでしょうか。少なくとも10万円のもうけが見込めるとき，「大家さんがテナント料10万円を受け取り，10万円をこえるもうけをパン屋さんが受け取る」という契約は簡素ですが，効果的な契約です。図表12－3は，この契約にしたがってもうけが分配されるようすを表しています。大家さんはもうけがいくらであっても10万円を受け取り，パン屋さんは10万円を超えるもうけのすべてを手にします。もうけの総額が増えるにしたがいパン屋さんの取り分は増えますのでパン屋さんは頑張るはずです。

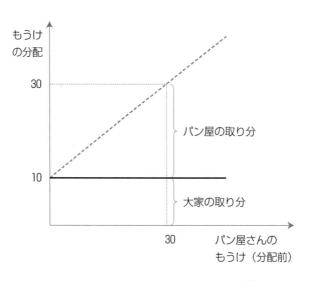

図表12－2　効果的なもうけの分配[2]

２）Page（1991）を参照して作成。

　この契約と似ていますが,「パン屋さんが10万円を受け取り, 10万円をこえるもうけを大家さんが受け取る」という契約は同じ効果を持つでしょうか。頑張って働いて増えたもうけのすべてを他人である大家さんが手にするのであれば, パン屋さんは頑張らないかもしれません。もうけの切り分けが同じでも, 分配先を変えるとパン屋さんの気持ちとふるまいが変わります。いうまでもなく, 残りをパン屋さんに分配するほうが効果的です。

　長大な契約書を交わす代わりに「残り」を与えるシンプルな契約を結べば, パン屋さんは適宜適切に対処してゆきます。経済学が「残余請求権者にコントロール権を与えよ」というのはこのためです[3]。

　図表12-2をよくみると, 第11章で学んだ企業価値の分配図と似ていることに気づきます。図表12-3は図表11-12の右図を再び掲げたものです。株主に分配されるのは社債権者に V^* を分配した残りです。株主は, 企業価値が V^* を超えているかぎり, 経営をコントロールします。株主総会で取締役を選び, 経営の実務にあたらせます。取締役を監視する監査役も株主総会で選びます。業績が落ち込めば, 取締役に経営立て直しを求めます。株主がアクティブに活動するのは, 富が企業価値とともに増減する残余請求権者であるためです。

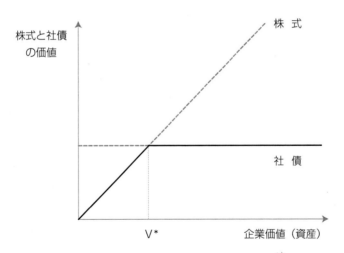

図表12-3　企業価値の株式と社債への分配[4]

3）清水・堀内（2004, p.256）, Alchian and Demsetz（1972）, 鳥居訳（2011）第3章を参照。ここでは残余請求権とコントロール権の結合に注目する。この議論の原型は前田訳（2016）第15章等にみられる。大西・杉浦訳（2009, p.148）に16世紀のオランダ小作農の例がある。また, 小松訳（2020, p.44）には当時の東欧の農民制についての記述がある。所有権については水田他訳（2015）第1巻を参照。

4）株式のペイオフはコールオプション, 社債のペイオフはプットオプションに見立てられる。オプション理論についてはBlack and Scholes（1973）, Merton（1973）を参照。

　コントロール権を株主にではなく，社債権者に与えたらどうなるでしょうか。企業価値が社債の額面（V^*）を大きく上回るとき，社債権者には経営に関わるインセンティブがありません。アクティブに活動しなくても社債の額面以上の企業価値は保全されるためです。企業価値が少々下がっても，痛手をこうむるのは株主であって社債権者ではありません。コントロール権は，物事がうまくいかないとき，真っ先に痛手をこうむる人が持つべきです。株主がコントロール権（議決権）を持つのはこのためです[5]。

❷ 取引コスト

　図表12−4は図表4−1を再び掲げたものです。表に掲げた6つの条件すべてが成り立つとき完全競争が成立し，市場をつうじた最適な資源配分が実現します。完全競争市場では，生産者は極小の零細業者として生産・販売活動を営みます。

1　同一とみなせるモノを売買する市場である
2　売買にかかる費用はゼロである
3　限界的消費者と限界的生産者が無数にいる
4　1人の消費者，1人の生産者の行動は価格に影響しない
5　生産者が市場に参入したり退出したりする費用はゼロである
6　売買の当事者は意思決定に必要なことすべてを知っている

図表12−4　完全競争の条件

　しかし，実際の経済では，生産者は極小の零細業者ではなく大きな営利組織であることが大半です。その典型は会社です。会社は巨額の資本を集め，巨大な製造設備を保有し，多くの人員を継続的に雇い，自前の販売網を津々浦々にめぐらせています。完全競争の理論と現実に違いがあるのはなぜでしょうか。

　コースという人は，「売買にかかる費用はゼロである」という完全競争の2つめの条件が，現実には成り立たないからだと主張しました[6]。働き手を例に考えてみましょう。あらかじめ仕事の内容と期間が決まっていて，誰でもすぐ慣れる定型の仕事をする働き手が必要であるとしましょう。このタイプの働き手は「市場で購入する」ことができます。しかし，生産プロセスの大半は，慣れるのに時間がかかる非定型の仕事です。このような仕事の担い手は，その都度市場で購入できるものではありません。正社員として「組織に囲

5）議決権については会社法308条を参照。
6）Coase（1937），Simon（1952-1953, 1962），Williamson（2002, 2010），Holmström and Roberts（1998）を参照。取引コストの原型は小泉他訳（1981, pp.81-82）を参照。

い込み」，時間をかけて育成しなければなりません。

　働き手を企業内に囲い込めば，突発的な事態にも効果的に対処できます。たとえば，工場の製造ラインが突然止まってしまったとしましょう。製造ラインの復旧というサービスを「市場で購入する」のは困難です。不可能でなくても，専門業者をみつけるのに時間がかかります。専門業者に依頼できたとしても，復旧までに相当の時間を要します。製造ラインを熟知した働き手を「組織に囲い込んで」おけば，その人に蓄積した経験をもとに手早く復旧できます。

　仕事には内容を定義しにくいものがあります。たとえば，営業部門，製造部門，経理部門の仕事以外を総務部門が受け持つ，という仕事の定義はあいまいです。総務のような定義しにくい仕事の担い手をその都度「市場で購入する」のは困難です。働き手を「組織に囲い込んで」いれば，定義しにくい総務の仕事を依頼できます。

　仕事に慣れるのに時間がかかるとき，働き手を探す費用がかさむとき，契約書に盛り込むことが難しい突発的な仕事や定義しにくい仕事を依頼するとき，働き手を「市場で購入する」より「組織に囲い込む」のが効果的です[7]。

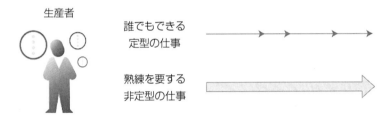

図表12－5　市場と組織（従業員）

　もうひとつ，部品を例に考えましょう。規格品は手間をかけずに「市場で購入する」ことができます。しかし，高度な製品を作るための特別な部品は市場で購入しないほうがよいこともあります。たとえば，Appleはコンピューターの頭脳であるCPU（Central Processing Unit）を市場から購入せず，自社で設計しています。CPUとGPU（Graphics Processing Unit）を一体形成することで低消費電力を実現しています。オーダーメイド品が必要なときや他社に知られると利益が激減する情報を漏らしたくないとき，部品を「市場で購入する」よりその設計や製造を「組織に囲い込む」のが効果的です[8]。

7）サーチ理論についてはStiglar（1961），Diamond（1981）等を参照。雇用契約の不確実性との関連については安井・熊谷訳（2006, pp.245-246）を参照。

8）Coase（1937）は，限界費用逓増と価格支配力から企業の最適規模を導くF.ナイトの説と，調整コスト逓増と取引コストから企業の最適規模を導く自説を比較している。

　図表12-6は市場取引と企業組織の使い分けをまとめたものです。経済学は，規格品であるか，繰り返し取引されるか，取引に調整コストがかかるかを基準に，市場取引，特注，提携，企業組織への囲い込みを使い分けることを勧めています。

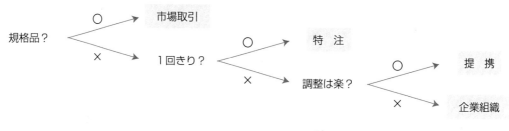

図表12-6　市場と組織[9]

❸ オークション

　仲良し3人組のうち2人はパンケーキ店に行きたい，1人はクレープ店に行きたいとしましょう。このとき，「そんなにクレープ店に行きたいなら，私たちのジュース代出してくれる？」「うん！」などといい，クレープ店に行くことがあるかもしれません。

　「ちゃぶ台返しするなら『税』を払うのが当然ですよね」という，この仕組みをピボタルメカニズムといいます。このメカニズムは，グループが複数の選択肢から1つ選ぶときメンバーは自らの気持ちを素直に打ち明けるというよい性質を持っています[10]。

　ただ1つのモノを巡ってこの「ちゃぶ台返し」をするのがオークションです。落札寸前に価格を競り上げてちゃぶ台返しをする人が，直前に提示されていた価格を払う第2価格オークションは，ピボタルメカニズムの応用例です。ヤフオク！やGoogleの検索結果に出てくる広告枠の競り，花や魚介類の競りにも応用されるこの話は興味深いのですが，分析に高度な知識が必要です。詳細は専門書をご覧ください。

9）Williamson（2002, p.183）のFigure 3を参照して作成。他者の情報が無償の公共財になる（他者の情報が自らにとって価値を持つ）とき，コア配分が成立しないときに組織が現れると捉えると理解しやすいかもしれない。図中の「規格品？」から右下に伸びる矢印に続く選択肢は，G.J.スティグラーの6条件のうちの条件1が成立していない状況である。

10）ピボタルメカニズムは，集めた「税」をちゃぶ台返しされた側に再分配しない奇妙なメカニズムである。ここでは「ピボタルメカニズムは再分配しないのでは」との疑問を誘発する例をあえて用いた。Clark（1971），川越（2015, 2021）も参照。再分配しない徴税は，現実には税というより財産没収に近い。

　オークションの理論は公共財の供給問題など，幅広く応用されている。

④ 経済学者の本分

　第8章で紹介したメカニズムデザインという研究領域は，住人が表明する意見（メッセージ）を集計・処理して，望ましい社会の姿を実現するメカニズムを模索しています。うまく機能すれば，図表12−7が示すように，住人の好み，技術，富といった情報をメカニズムのデザイナーが十分知らなくても，望ましい社会を実現できるかもしれません。

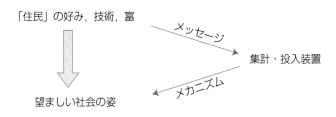

図表12−7　メカニズムデザインの概形[11]

　経済学で提案されてきたさまざまな知識や概念を，この枠組みで記述しなおしてみましょう。完全競争市場では，市場の神がデザイナーの役割を演じて神聖な価格を生産者と消費者に与えます。生産者と消費者は，プライステーカーとして売るか売らないか，買うか買わないかをメッセージとして送ります。市場の神は，メッセージを集計して売買を成立

11) 「マウント＝ライターの三角形」をもとに頂点の位置を入れ替え，本書の文脈に合わせて修正し作図した（本図表は可換図式の形をとらない）。坂井・藤中・若山（2008, p.12）の脚注8が詳述するように，Mount and Reiter（1974）に図は掲げられていない。もっとも，元になったWorking PaperのFigure 2にその原型と思われるものがあるようである。ただこれも当時のタイプライター文化の中で本文から切り離され別紙とされているようである。Sonnenschein（1974, p.428）に類似の図がある。
　　この図で注意すべきは，望ましい社会の姿を決めるのは住人ではなく，他の誰かでありうる点である。これは「他の誰か」が独裁者でありうることを示唆する。メカニズムデザインの理論家はダークサイドに落ちないよう細心の注意を払っていると強調するが，欧州が経験した全身が震えるような宗教裁判，魔女狩り，独裁，全体主義，社会主義，共産主義の恐怖を理解されているか定かでない。経済学者が独裁者になることも，独裁者の手先になることもタブーである。メカニズムデザイン，ひいては経済学そのものが，暗黒世界への扉を開く妖気漂う研究領域である。
　　Cirillo（1983, p.408）に "Mussolini's Italy and Hitler's Germany were the realization in actual life of Pareto's thought" とある。この論文の最後にある4つのポイントも参照。川崎訳（1987）と丸山（2009）第7章を参照すると，イタリア社会に自由主義を拒絶されたパレートは神秘的全体主義の勃興にある種の望みを託したとの仮説が成り立つ。社会を理性で電気分解すると混じり気のない2極が抽出される。爆発燃焼させず，安全性を担保するために「純度」を下げるべきである。

させ，最大の総余剰を実現します。不完全競争市場では，1人または少数の生産者が自らのもうけを最大にする供給量（と価格）を需要曲線上から選び，それをメッセージとして送ります。消費者は生産者がつけた価格をプライステーカーとして受け取り，買うか買わないかをメッセージとして送ります。独占企業が優越的地位を濫用したり，寡占企業がカルテルを結んだりする恐れがありますので，不完全競争市場の運営には公正取引委員会の監視という費用がかかります。

　有料の公共財を含む経済では，住民は公共財の限界便益と設置費用に対する貢献度をメッセージとして公共部門に送ります。公共部門は，住民から送られてきたメッセージを集計し，必要に応じて再調整して，最適な充実度の公共財を提供します。無償の公共財を含む経済では，住民は公共善がもたらす便益，公共悪がもたらす負の便益をメッセージとして公共部門に送ります。公共部門は，住民から送られてきたメッセージを集計し，必要に応じて再調整して，補助金や税で補償します。当事者間で交渉できる状況にあれば，当事者が自らの希望をメッセージとして送り合い，補償することで折り合いをつけます。

　情報が不完全な経済では，プリンシパルはエージェントが正直にふるまいを報告するメカニズムを生成し，エージェントは費用をかけて属性を生成し，メッセージとしてプリンシパルに送ります。オークションの場面では，参加者が落札希望額をメッセージとして主催者に送ります。主催者はそれを集計して，商品を最も高く評価する人に落札させます。

	メッセージ	運営費用
完全競争	売るか売らないか，買うか買わないか	0
不完全競争	供給量（価格），買うか買わないか	公正取引委員会の監視
有料の公共財	限界便益，設置費用に対する貢献度	公的部門による集計，調整
無償の公共財	公共善の限界便益，公共悪の負の限界便益	公的部門による集計，調整 当事者による交渉
契　約	属性（契約時），ふるまい（契約後）	プリンシパル：情報収集 エージェント：情報生産
オークション	落札希望額	オークションの運営

図表12－8　共通の枠組みで記述する[12]

12）Hurwicz（1972）の式（1.1）に対応させることを試みた。

はじめて学ぶ人から「仮定，用語，式が無秩序に並ぶもの」という印象を持たれがちなミクロ経済学ですが，より少ない用語や概念で幅広い経済現象を記述しうる共通の枠組みを使うと，見通しがよくなりそうです[13]。

近年，経済学は領域を広げています。行動経済学，教育経済学，医療経済学，マッチング理論，渋滞解消の理論など，「これ経済学？」と言う声が聞こえてきそうなくらいの広がりをみせています。関心が広がるのは構わないと思うのですが，心理学，神経生理学，医学，教育学，社会工学，交通工学，情報工学，統計学，数学，経営学，会計学，法学など，それぞれの分野で何十年も研鑽を積んできた専門家からどれほど評価されているかも考えるべきではないでしょうか[14]。

若い頃，理系の研究者が「私は鉄の曲げ屋だから」「私は鉄の熱屋だから」と自嘲気味に話すのを聞いたことがあります。当時は「たったそれだけのことを一生賭けて研究するなんて」という気持ちでした。しかし，今思うに，万が一にも誤りがあれば橋が落ちたりトンネルが崩落したりと大惨事になる重大な学問だから，責任範囲を明確にして自らを戒めていたのだ，と少しだけ理解できるようになりました。

経済学は社会科学の女王という自己評価は，さすがに客観評価と一致しないのではないでしょうか。経済学のドメインは，やはり「価格をつうじた資源配分」だと思います[15]。

---

13) Hurwicz (1972)，宮澤・後藤・藤垣訳（2020, pp.13-16）を参照。用語や式を総花的に紹介すると，それらを振り回し，大怪我をさせてしまう。用語と式を少なく，反例と反証を多く紹介して「適用範囲が狭く無分別に使うと危ないもの」として経済学を教えるべきだと感じている。

14) 松嶋（1985, pp.145-149）を参照。佐野（1998, pp.3-4）は，ナチスドイツ下の安楽死の「本質は「安楽死」という仮面をつけた殺人にほかならず，「非任意の安楽死」とか「生きるに値しない生命の根絶」などと呼ばれている。1939年から1945年にかけて，ほぼ12万5千人の人たちが安楽死の名のもとに殺害された。その内訳は，10万人の治療−養護施設の収容者，2万人のポーランド・ソ連のドイツ占領地域の施設収容者，5千人の障害をもつ子供たちである」と記している。「効率」「生産性」「解決」という言葉は紙一重である。

15) 分業の利益，比較優位を声高に叫ぶのが経済学者ではなかったか。大学のウェブサイトをみると，まるで魔法使いや神様のように教員が紹介されている。「学問の府に相応しくないから，このような掲示はやめるべきだ」との声は学内から上がらないのだろうか。また，高校などへの出張講義で「この学問はこれもできる，あれもできる，なんでもできる」という風情のものも誤解を与えるのではないか。学問に言えるのは「これについて何十年も考え続けているがうまくいかない。意思決定にこれだけの時間を費やし，これだけの人員と費用をかけているが，それでも事後に問題が生じている。反省してさらに研究を深めなければならない」ということだけだと思われる。

　　民主主義より全体主義，デジタルレーニズム，加速主義，暗黒啓蒙などは論評に値しない。バランスの取れた良識人である日本の静かな大衆は，もはや「理性」や「学問」に対する信頼を失っている。

補 論　ひのもとのなりわい

　本書は，公務員試験や各種資格試験の想定問題に対応するテキストではありません。むしろ，経済学者が何を見て何を考えてきたのか，できるだけそのまま記したものです。

　ここまでお読みいただいた人は理解されると思いますが，経済学の思想は日本の思想や文化と全く異なります。第1章の補論で古典を紹介したときに書きましたが，経済学の根底にはギリシャ哲学，ローマ法，キリスト教が流れています。経済学を教えてきて，経済学に人気がない理由を考えてきましたが，根本には経済学が日本の思想と文化に根ざしていないからだと感じています。

　一神教的世界では正しい価格は1つだけです。これに対して，八百万の神が織りなす世界では価格に正しいも何もなく，時と場合，立場によって万華鏡の如く移ろいます。自然は制御するものではなくその中で生かされるものです[16]。勝負ではなく浅深ですし，黒白ではなく玉虫色です[17]。補償金で思考停止より三方よしの「商いは飽きない」ですし，嘘を許さないメカニズムより時には力を逃す嘘も方便であり，問題解決ではなく折り合いをつける，です。

　経済学者として，「欧米の思想に基づく経済学が日本の社会をよくする」とは断言できません。やはり，私たちの肌に合うのは「ひのもとのなりわい」ではないでしょうか[18]。

16）お金で解決の炭素税や排出権取引とは深みが違う。

17）G7の合意文書が7とおり，G20のそれが20とおりに解釈できるのは各国シェルパの智慧である。平和は「美しき誤解」が成り立つ距離感でしか成立しえないのではないか。

18）フランスの勇将かつエスプリの象徴，F.ロシュフコーは「生まれた土地の訛りは，言葉と同様，精神や心にも残っている」（武藤訳，2019，p.77）と書いている。
　　プロテスタントが多い北西欧に自由主義，カトリックが多い中南米に社会主義が根付いているのは偶然でなかろう（伊藤・渡部訳，2016，p.469；山岡訳，2010，pp.393-402；植田訳，2013，p.501，訳註50；永澤訳，1997，pp.241-242；丸山，2009，pp.129-130）。もっとも，G.F.ダウマーによるキリスト教陰謀論の著作をK.マルクスが紹介してからカトリックと社会主義は分離したが（大内・細川監訳，1980，pp.521-523）。資本主義の精神をプロテスタントに求めたM.ウェーバーとサラマンカ・カトリック（ドミニコ修道会からイエズス会への流れ）に求めたF.A.ハイエクの対比は興味深い（蔵訳，2017，第1章）。
　　いずれにせよ，日本人の私たちは経済学を信じ込むのではなく，異文化理解の機縁とすべきである。

参考文献

・川越敏司『マーケット・デザイン —オークションとマッチングの経済学—』講談社選書メチエ，講談社，2015年。

・川越敏司『基礎から学ぶマーケット・デザイン』有斐閣，2021年。

・坂井豊貴・藤中裕二・若山琢磨『メカニズムデザイン —資源配分制度の設計とインセンティブ—』ミネルヴァ書房，2008年。

・佐野誠『ナチス「安楽死」計画への道程 —法史的・思想史的一考察—』浜松医科大学紀要，一般教育，12, 1-34, 1998年。

・清水克俊・堀内昭義『インセンティブの経済学』有斐閣，2004年。

・松嶋敦茂『経済から社会へ —パレートの生涯と思想—』みすず書房，1985年。

・丸山徹『ワルラスの肖像』勁草書房，2009年。

・Arrow, Kenneth Joseph著，村上泰亮訳『組織の限界』筑摩書房，2017年。

・Coase, Ronald Howard著，宮澤健一・後藤晃・藤垣芳文訳『企業・市場・法』筑摩書房，2020年。

・Filmer, Robert著，伊藤宏之・渡部秀和訳『フィルマー 著作集』近代社会思想コレクション19，京都大学学術出版会，2016年。

・Hart, Oliver著，鳥居昭夫訳『企業 契約 金融構造』慶應義塾大学出版会，2011年。

・Hicks, John Richard著，安井琢磨・熊谷尚夫訳『価値と資本 —経済理論の若干の基本原理に関する研究—』上，岩波文庫，2006年。

・Hume, David著，小松茂夫訳『市民の国について』下，岩波書店，2020年。

・Jevons, William Stanley著，小泉信三・寺尾琢磨・永田清訳，寺尾琢磨改訳『経済学の理論』近代経済学古典選集４，日本経済評論社，1981年。

・Marshall, Alfred著，永澤越郎訳『経済学原理』第１分冊，岩波ブックサービスセンター，1997年。

・Marx, Karl著，大内兵衛・細川嘉六監訳「1847年11月30日の在ロンドン・ドイツ人労働者教育協会でのマルクスの演説の議事録」『マルクス＝エンゲルス全集』補巻１，マルクス＝レーニン主義研究所，大月書店，1980年。

・Pareto, Vilfredo Frederico Damaso著，川崎嘉元訳『エリートの周流 —社会学の理論と応用—』垣内出版，1987年。

・Pufendorf, Samuel von著，前田俊文訳『自然法にもとづく人間と市民の義務』近代社会思想コレクション18，京都大学学術出版会，2016年。

・Rochefoucauld, François VI, duc de La著，武藤剛史訳『箴言集』講談社，2019年。

・Rousseau, Jean-Jacques著，桑原武夫・前川貞次郎訳『社会契約論』岩波書店，2015年。

・Smith, Adam著，山岡洋一訳『国富論 国の豊かさの本質と原因についての研究』下，日本経済新聞出版社，2010年。

・Smith, Adam著，アダム・スミスの会監修，水田洋・篠原久・只腰親和・前田俊文訳『アダム・スミス法学講義 1762〜1763』名古屋大学出版会，2015年。

・Soto, Jesus Huerta de著，蔵研也訳『オーストリア学派 市場の秩序と起業家の創造精神』春秋社，2017年。

・Voltaire著，植田祐次訳「カンディード」『カンディード 他五篇』岩波書店，2013年。

・Vris, Jan de, and Ad van der Woude著，大西吉之・杉浦未樹訳『最初の近代経済』名古屋大学出版会，2009年。

・Alchian, Armen Albert, and Harold Demsetz, 1972, Production, Information Costs, and Economic Organization, American Economic Review, 62, 5, 777-795.

・Black, Fischer, and Myron Scholes, 1973, The Pricing of Options and Corporate Liabilities, Journal of

Political Economy, 81, 3, 637-654.

· Cirillo, Renato, 1983, Was Vilfredo Pareto Really a 'Precursor' of Fascism?, American Journal of Economics and Sociology, 42, 2, 235-245.

· Clarke, Edward H., 1971, Multipart Pricing of Public Goods, Public Choice, 11, 17-33.

· Coase, Ronald Harry, 1937, The Nature of the Firm, Economica, New Series, 4, 386-405.

· Diamond, Peter Arthur, 1981, Mobility Costs, Frictional Unemployment, and Efficiency, Journal of Political Economy, 89, 798-812.

· Hart, Oliver, 1988, Incomplete Contracts and the Theory of the Firm, Journal of Law, Economics, & Organization, 4, 1, 119-139.

· Hart, Oliver, 1995, Corporate Governance: Some Theory and Implications, Economic Journal, 105, 430, 678-689.

· Holmström, Bengt, and John Roberts, 1998, The Boundaries of the Firm Revisited, Journal of Economic Perspectives, 12, 4, 73-94.

· Hurwicz, Leonid, 1972, On Informationally Decentralized Systems, in McGuire, C.B., and Roy Radner, ed., Decision and Organization, A Volume in Honor of Jacob Marschak, North Holland, Amsterdam, Chapter 14.

· Merton, Robert Cox, 1973, Theory of Rational Option Pricing, Bell Journal of Economics and Management Science, 4, 1, 141-183.

· Mount, Kenneth, and Stanley Reiter, 1974, The Informational Size of Message Spaces, Journal of Economic Theory, 8, 2, 161-192.

· Page, Jr., Frank Hismith, 1991, Optimal Contract Mechanisms for Principal-Agent Problems with Moral Hazard and Adverse Selection, Economic Theory, 1, 4, 323-338.

· Simon, Herbert Alexander, 1952-1953, A Comparison of Organisation Theories, Review of Economic Studies, 20, 1, 40-48.

· Simon, Herbert Alexander, 1962, New Developments in the Theory of the Firm, American Economic Review, 52, 2, 1-15.

· Sonnenschein, Hugo, 1974, An Axiomatic Characterization of the Price Mechanism, Econometrica, 42, 3, 425-434.

· Stigler, George Joseph, 1961, The Economics of Information, Journal of Political Economy, 69, 3, 213-225.

· Williamson, Oliver Eaton, 2002, The Theory of the Firm as Governance Structure: From Choice to Contract, Journal of Economic Perspectives, 16, 3, 171-195.

· Williamson, Oliver Eaton, 2010, Transaction Cost Economics: The Natural Progression, American Economic Review, 100, 3, 673-690.

おわりに

　経済学者のマーシャルは次のように記しています。経済学を実際の経済分析に用いる際には，細心の注意を払わねばなりません。

　「リカードの研究方法に具体化されている原理を忘れ，単に彼の到達した特定の結論に注目し，それらの結論を教条化し，リカードのそれとは異なった時代や地域の状態に粗雑に適用しようとするならば，ほとんど完全な害悪となることは疑いがない。リカードの思想は鋭い鑿のようなもので，とくに持ちにくい柄のために扱うものの指を傷つけやすい」[1]

　さいごに，マーシャルの言葉をもう１つ記します。

　「いつの時代においてもそうであったように，今日においても，社会の再組織について高貴で熱心な提案者は，彼らの想像力がたやすく構想した制度の下で可能となると思われる，生活の美しい絵画を描いて見せる。しかしそれは，人間性が，有利な条件の下でも，一世紀の間に実現できることを合理的には期待できないような変化を，新制度の下で，急速に実現するであろうとする，隠された仮定に立って組み立てられているという点で，無責任な空想に過ぎない。もし，人間性がそのように理想的に変化できるならば，現存の私有財産のもとでも，経済的騎士道が生活を支配するであろう」[2]

1）Marshall, Alfred著，永澤越郎訳『経済学原理』第１分冊，岩波ブックサービスセンター，1997年，pp.306-307から引用。近年の経済学にみられる不要の複雑さは，経済学者と学ぶ人の精神を，そしてより重要なことに政策を，歪めている。
　　Keynes, John Maynard著，大野忠男訳『人物評伝』ケインズ全集第10巻，東洋経済新報社，1999年，p.303に「100年後この世に戻ってみたくはないですか」と夫人に尋ねられた晩年のマーシャルが「そうしてみたい」と答えたとある。彼がこの世界に戻ってきたら，経済学者と称する者たちをみて何を思うだろうか。2024年はマーシャルの没後100年にあたる。
2）Marshall, Alfred著，永澤越郎訳『経済学原理』第４分冊，岩波ブックサービスセンター，1997年，p.315から引用。騎士道についてはHobbes, Thomas著，山田園子訳『ビヒモス』岩波書店，2017年，p.73，Montesquieu, Charles-Louis de Secondat, Baron de la Brède et de著，野田良之・稲本洋之助・上原行雄・田中治男・三辺博之・横田地弘訳『法の精神』下，岩波書店，2014年，p.191，Pareto, Vilfredo Frederico Damaso著，川崎嘉元訳『エリートの周流 —社会学の理論と応用—』垣内出版，1987年，pp.22-27を参照。両義性がみられる。

索　引

《著者紹介》

佐々木浩二（ささき・こうじ）

所　　属　専修大学経営学部

略　　歴　2004年　School of Economics, Mathematics and Statistics, Birkbeck College, University of London, Doctor of Philosophy

主要業績　『マクロ経済分析―ケインズの経済学―』（第2版，2018年，創成社），『株式投資の理論と実際』（2017年，創成社），『ファイナンス―資金の流れから経済を読み解く―』（2016年，創成社），『マクロ経済入門―ケインズの経済学―』（第2版，2014年，創成社），Informational Leverage: The Problem of Noise Traders, Annals of Finance, 4, 4, 455-480（with Norvald Instefjord, 2008年）, Proprietary Trading Losses in Banks: Do Banks Sufficiently Invest in Control?, Annals of Finance, 3, 3, 329-350（with Norvald Instefjord, 2007年）など。

（検印省略）

2019年8月25日　初版発行
2023年8月25日　第2版発行

略称―ミクロ分析

ミクロ経済分析［第2版］
― 利益と共感の社会哲学 ―

著　者　佐々木　浩　二
発行者　塚　田　尚　寛

発行所　東京都文京区
春日2-13-1　　**株式会社　創　成　社**

電　話 03（3868）3867　　Ｆ Ａ Ｘ 03（5802）6802
出版部 03（3868）3857　　Ｆ Ａ Ｘ 03（5802）6801
http://www.books-sosei.com　　振　替 00150-9-191261

定価はカバーに表示してあります。

組版：でーた工房　　印刷：エーヴィスシテムズ
製本：エーヴィスシテムズ
落丁・乱丁本はお取り替えいたします。

──────── 経 済 学 選 書 ────────

ミ ク ロ 経 済 分 析 ― 利 益 と 共 感 の 社 会 哲 学 ―	佐々木　浩二	著	2,300円
マ ク ロ 経 済 分 析 ― ケ イ ン ズ の 経 済 学 ―	佐々木　浩二	著	1,900円
株 式 投 資 の 理 論 と 実 際	佐々木　浩二	著	2,000円
フ ァ イ ナ ン ス ― 資 金 の 流 れ か ら 経 済 を 読 み 解 く ―	佐々木　浩二	著	2,000円
入 門 経 済 学	飯田　幸裕 岩田　幸訓	著	1,700円
マ ク ロ 経 済 学 の エ ッ セ ン ス	大野　裕之	著	2,000円
国 際 公 共 経 済 学 ― 国 際 公 共 財 の 理 論 と 実 際 ―	飯田　幸裕 大野　裕之 寺崎　克志	著	2,000円
国 際 経 済 学 の 基 礎「100項目」	多和田　眞 近藤　健児	編著	2,500円
経 済 学 を 学 ぶ た め の 数 学 的 手 法 ― 数 学 の 基 礎 か ら 応 用 ま で ―	中邨　良樹	著	2,000円
フ ァ ー ス ト ス テ ッ プ 経 済 数 学	近藤　健児	著	1,600円
マ ク ロ 経 済 学	石橋　春男 関谷　喜三郎	著	2,200円
ミ ク ロ 経 済 学	関谷　喜三郎	著	2,500円
グ ロ ー バ ル 化 時 代 の 社 会 保 障 ― 福 祉 領 域 に お け る 国 際 貢 献 ―	岡　伸一	著	2,200円
福 祉 の 総 合 政 策	駒村　康平	編著	3,200円
財 政 学	小林　威 望月　正光 監修 篠原　正博 栗林　隆彦 半谷　俊彦 編著		3,200円
テ キ ス ト ブ ッ ク 地 方 財 政	篠原　正博 大澤　俊一 山下　耕治	編著	2,500円

（本体価格）

──────── 創 成 社 ────────